Mit alles und scharf

Titelbild	Diäten sind Blödsinn.
Seite 2/3	Mag sein, dass Wolfgang Güllich seine Aussage, Kaffeetrinken sei „integraler Bestandteil des Kletterns", tatsächlich ernst gemeint hat. Ich fand das damals schon Quatsch.
Fotos	Mit Ausnahme der nachfolgend angegebenen Bilder stammen alle übrigen aus dem Archiv des Autors. Seite 70: André Lüdtke, Seite 82 und 108: Robert Flock, Seite 168: Archiv Hans Weninger

ISBN 978-3-936740-77-6

© 2012 by Panico Alpinverlag
Gunzenhauserstr. 1
D-73257 Köngen
Tel. +49 07024 82780
Fax +49 07024 84377
www.panico.de

© Panico Alpinverlag Köngen – Alle Rechte vorbehalten, insbesondere das Recht auf Vervielfältigung und Verbreitung sowie Übersetzung. Kein Teil dieses Buchs darf in irgendeiner Form ohne schriftliche Genehmigung des Panico Alpinverlags reproduziert werden oder unter Verwendung elektronischer Systeme verarbeitet, vervielfältigt oder verbreitet werden.

Inhalt

Motto. . . . . Seite 7
Zum Geleit. . . . . Seite 9
Soviel vorweg. . . . . Seite 10

Du bist Barntrup . . . . Seite 12
Das Rumpeln der Gigantbox . . . . Seite 20
Zwei mal 50 Meter . . . . Seite 36
Räusche und geschenkte Gäule . . . . Seite 46
Mit alles und scharf . . . . Seite 56
Überfallkommando . . . . Seite 70
Ohne Sakko nach Monaco. . . . . Seite 82
Die drei Feinde . . . . Seite 114
Was nervt. . . . . Seite 128
Neues vom Schpocht. . . . . Seite 138
Zwinkernde Falken. . . . . Seite 154
Pinguin-Rollatoren für alle. . . . . Seite 162
Scheckheftgepflegt. . . . . Seite 168
Geigen und Viehfutter . . . . Seite 184

„In Nutzen von allen: Hüten Sie die Gelassenheit und gute Wege."

> Aus dem aktuellen Feuer-Alarmplan des Hotels
> „Roca Esmeralda" in Calpe

und

„Im Training habe ich mal die Alkoholiker meiner Mannschaft gegen die Antialkoholiker spielen lassen. Die Alkoholiker haben 7:1 gewonnen. Da war's mir wurscht. Da habe ich gesagt: Sauft weiter."

> Max Merkel (1918 – 2006), Fußballtrainer

Zum Geleit

Peter Brunnert hat wieder ein hervorragendes Buch geschrieben. Das allein ist keine Überraschung. Nun bin ich bekanntermaßen ja kein Bergsteiger, sondern habe mir eher, nun ja, sagen wir mal als Wanderer einen Namen gemacht. Trotzdem macht „Mit alles und scharf" Appetit auf einen Gedankenaustausch zwischen mir, dem Wanderer und ihm, dem Kletterer. Denn letztlich tut Peter Brunnert mit diesem Buch genau das: Er kraxelt mit seinen Texten auf diesem schmalen Grat zwischen Abenteuer, Satire und Wahnsinn herum. Möge er sicher ankommen.

Harald Schmidt

Soviel vorweg

Das war ja eigentlich nicht zu erwarten: Die ersten Bücher entpuppten sich als Longseller, der Panico-Verlag wollte mehr, und auch der Buchstabenstrom quoll weiter in erfreulich ergiebigem Schwall aus dem Hirn in die Tastatur, sehr zur Überraschung dessen, der sie zu bedienen hatte. Nun also, liebe Leserin, lieber Leser hältst Du mein drittes Panico-Büchlein in der Hand und ich wünsche Dir viel Spaß damit.

Manch einer wird sich fragen, wieso das Buch „Mit alles und scharf" heißt. Es erklärt sich aber leicht, denn wenn Du das Inhaltsverzeichnis aufschlägst, wirst Du sehen, dass es im Buch auch einen Text gibt, der „Mit alles und scharf" heißt, deshalb haben wir das Buch so genannt. Und der Titel passt auch gut zum Titelbild, finde ich. Außerdem habe ich mir gedacht, dass ich in diese schlaffe und zerkochte Zeit mal etwas Würze hineinbringen wollte. Ich hoffe, mir gelingt das.

Das Buch enthält ganz verschiedenartige Texte. Zum einen meckere ich hier und da ein wenig herum, so wie man es schon von mir kennt, ich kann ziemlich kritisch sein, wenn ich will. Natürlich gibt es auch wieder etwas Haarsträubendes vom Sandsteinklettern, darum muss man sich als Autor ja zum Glück nicht groß kümmern, man muss da bloß hinfahren und klettern, dann passiert schon etwas, über das man selbst meist nicht, andere aber dafür um so mehr lachen können. Schließlich habe ich auch noch ein paar Geschichten aus der guten alten Zeit aufgeschrieben. Nur, damit die taffen Jungs und Mädels von heute mal sehen, dass wir damals auch schon was drauf hatten: Fünfzig Meter freier Fall in selbstgebastelte Brustgurte, platzende Motoren am Sankt-Bernhard-Tunnel, ohne Auspuff in die Pfalz, um nur ein paar Stichworte zu nennen. Lasst Euch überraschen.

Natürlich hätte ich das alles mal wieder alleine nicht auf die Reihe gekriegt. Deshalb hier ein paar dicke Dankeschöns an Freunde, die mitgeholfen haben: Harald Schmidt für das grandiose Geleitwort, Hans Weninger für seinen Monstersturz und die kaputten Autos, Robert und Romanus Flock für ihren netten Ausflug an die Côte d'Azur, Robert Niklas für die spannenden Episoden aus seinem Leben. Volker Paulat für das gewissenhafte Lektorat und die behutsamen Hinweise, Achim Pasold für die lange Freundschaft und den unerschütterlichen Mut, mit diesem Bekloppten aus dem hohen Norden noch ein Buch zu machen. Nun ja – und natürlich meiner geliebten Beata, ohne die so vieles Andere ja auch undenkbar wäre.

Hildesheim, im April 2011.

Peter Brunnert

Nur, damit ihr nicht glaubt, ich hätte mir das ausgedacht.

Du bist Barntrup

Ein Forscherteam um den Verkehrswissenschaftler Michael Schreckenberg hat herausgefunden, dass Berufspendler auf den ihnen sattsam bekannten Strecken das Großhirn quasi ausschalten und de facto nur unter Benutzung des Stammhirns fahren. Auch ich gehöre seit einigen Jahren zu den pendelbedingten Hirnabschaltern, befindet sich doch meine Arbeitsstätte im verträumten Residenzstädtchen Detmold am schmuck pediküren Fuß des Teutoburger Waldes, meine Wohnung, nebst dort geduldig des Pendlers harrender Gattin, in Hildesheim. Ja, ich gebe es zu, die Strecke kenne ich im Schlaf, mein Stammhirn reicht offenbar, um Gas, Bremse und Blinker sachdienlich zu betätigen und ich kann mein Großhirn für angenehmere Dinge verwenden, zum Beispiel für schmachtende Gedanken an die Daheimgebliebene und um fescher Musik oder geschmacksverstärkenden Hörbüchern zu lauschen.

Vor kurzem erfuhr das stammhirngesteuerte musikumwölkte Dahingleiten jedoch eine jähe Störung. Und zwar am Ortseingang des kleinen lippischen Fleckens Barntrup. Barntrup – allein dieser Name! Eine Kreuzung, eine wegfusionierte Sparkasse, ein 24-h-DVD-Store, ein Schlecker-Markt, eine Dönerbude und ein vollkommen deplatzierter alljährlicher Fischmarkt – das ist so ziemlich alles, was dieses öde Kaff zu bieten hat. Ein Ort, bei dem sich vermutlich ausnahmsweise die Durchreisenden eine Umgehungsstraße mehr wünschen als die Einwohner. Und dort war am Ortseingang vor einer Autolackiererei eine riesige Plakatwand aufgebaut worden, von der aus mich in fetten weißen Lettern auf pinkfarbenem Untergrund der folgende Satz anschrie: „DU BIST BARNTRUP!" Ich erschrak, nicht so sehr ob der zerebralen Diskontinuität, die mir die Botschaft bescherte, sondern wegen der Vorstellung, dass, wenn die Botschaft zuträfe, meine Identität irgendetwas mit diesem schrecklichen Ort gemein haben könne. Ich bin Barntrup? Oder vielleicht: Ich bin wie Barntrup? Nein, das wollte ich nicht! Ich, der ich mein Leben der ständigen Verfeinerung meines Geschmacks, der Präzisierung meiner Begrifflichkeiten und der Brillanz meines Ausdruckes verschrieben habe, sollte sein wie dieses irrtümlicherweise noch nicht von der Erde getilgte Provinzkaff? Niemals! Ich beschloss, das Plakatmonster einfach zu ignorieren – je nun, es gelang mir nicht. Ein ums andere Mal schrie es mich von der Seite an, ich konnte nicht weggucken und kam mir vor wie damals auf der Toilette des Scharnhorst-Gymnasiums in Hildesheim, wo ich als Schüler fast zwanghaft die Kabine aufsuchte, auf deren Tür mit fettem Edding „Wer das liest, ist doof!" gekritzelt stand.

Warum erzähle ich das eigentlich alles? Ach ja: Es war genau vor jener Plakatwand, wo ich kürzlich eine weitere frappierende Erfahrung machen musste: Auf dem Bürgersteig ging eine Gruppe Grundschüler, die von einer kleinen Eskorte schwatzender Mütter begleitet wurde. Alle, Mütter wie Kinder, trugen natürlich diese entwürdigenden Müllmann-Warnwesten, die in flimmerndem Kontrast zur grauen Kaffkulisse und zum pinkfarbenen Plakatgebrüll standen. Natürlich trugen die Mütter die Ranzen ihrer Kinder (Ich erlaube mir mal im Sonnenschein meiner geistigen Freiheit ein mutiges Statement und behaupte hier breitbeinig: Neben den von RTL II & Co. Verschatteten werden meines Erachtens die zumutungsfrei groß Gewordenen die zweite Hauptproblemgruppe unseres Landes werden!). Was mir aber den Atem stocken ließ: Eine Grundschülerin zog einen barbiepferdrosafarbenen Schulranzentrolley hinter sich her. Nein! Mein Sprachzentrum war gerade dabei, ein „Alberner geht's ja nun wirklich nicht mehr!" zu formulieren, als ihm das Gedächtnis in den Arm fiel: „Vorsichtig, mein Lieber, kam nicht neulich Freund Helmer mit einem dieser skurrilen Rucksack-Trolleys in die Kletterhalle?" Tatsächlich. Ja überhaupt: Was da so an Gepäckstücken zum Fels getragen wird, ist schon erstaunlich. Da tut eine Betrachtung aus frontalem Blickwinkel sicherlich gut.

Ich fange mal von vorne an: Damals in den Siebzigern gab es meines Wissens nur zwei Rucksackmodelle: Salewa „Vajolet" und Salewa „Montblanc". Ich nannte beide mein eigen und war stolz auf sie. Sie kamen im Bergsteiger-Einheits-Kniestrumpf-Karohemd-Rot daher und hatten einen schon nach kurzer Zeit in Auflösung begriffenen blauen Baumwollrücken. Es gab allerlei Lederriemchenwerk hier und dort, das der Befestigung von Pickeln und anderem Zubehör diente, gepolsterte aber schneidend unbequeme Tragegurte sowie Deckeltaschen mit Reißverschlüssen, die es jedoch hinsichtlich ihrer Lebenserwartung maximal mit Goldhamstern aufnehmen konnten, Wikipedia sagt: ungefähr zwei Jahre. Der „Vajolet" war ein schicker Kletterrucksack mit ca. 30 Liter Volumen, ich habe ihn geliebt und erst nach über zwanzig Jahren, vollkommen zerrissen, schweren Herzens aussortiert, lebenserwartungstechnisch sind wir hier also immerhin bereits im gehobenen Hauskatzenbereich. Mein Freund Andreas benutzt ihn heute noch. Am „Montblanc" konnte man ebenfalls mit Lederriemen wackelige Außentaschen anknüppern, die sein Volumen auf bestimmt 70 Liter aufblähten. Ein wunderbarer, richtig schön turmförmiger Alpenrucksack, in dem mir bis 1985 so manche Flasche Rotwein ausgelaufen ist, erst dann musste er einem neuen Modell weichen.

Wenn ich jetzt behaupte, dass 80 % aller Bergsteiger im Prinzip auch heute noch mit diesen zwei Rucksacktypen auskämen, oute ich mich natürlich prompt als konsumverweigernder Hypergestriger, aber das macht nichts. Dass mich die flirrend bunte Unüberschaubarkeit des Angebots von Bags und Packs verwirrt, ist nicht verwunderlich, verwirrt mich doch flirrend Buntes im Allgemeinen. Vermutlich deshalb ist auch meine Rucksackfarbe seit vielen Jahren schwarz. Als neulich mal der Neukauf eines Kletterrucksacks anstand, ließ ich mir in einem großen Outdoorladen von einer geschulten Fachkraft sämtliche schwarzen Modelle vorführen. Sie empfahl mir darauf zu achten, dass man in den Sack ein so genanntes „Trinksystem" integrieren könne. Ich wandte ein, dass die von ihr angepriesenen Modelle sicherlich in der Lage seien, zwei oder drei Halbliter-Dosen aufzunehmen, worauf die junge Dame etwas gequält „Hähä!" machte. Alsdann präsentierte sie mir einen jener ekligen Plastikbeutel und zeigte mir auch, wie ich mich daran quasi wie an einen oralen Dauerkatheter anzuschließen hätte. „Kann man da auch Weißbier einfüllen – und haben sie auch die Entsprechung für untenherum?", fragte ich sie nicht, sondern dachte mir meinen Teil.

Nein, ich glaube, in Rucksackfragen bin ich eher ein Langzeit-Typ. Ich finde im Übrigen generell Menschen sympathisch, die nicht immer gleich alles wegschmeißen. Wer nicht weiß, was ich meine, der stelle sich einmal an einem Sonntagmorgen an den Fähranleger in Schmilka und betrachte dort genüsslich die Ankommenden, die ins Elbsandsteingebirge zum Klettern fahren. Herrliche, riesige, unförmige alte Rucksäcke wanken dort an einem vorbei, eine schweigende Demonstration für die schützenswerte Otherness der Kletterer aus der Heimat Augusts des Starken. Vielleicht sind dort ja sogar noch einige Säcke aus der legendären Hudy-Garage dabei. Dort schusterte der tschechische Kletterer Jindrich Hudecek auf einer alten Industrienähmaschine unglaublich stabile Rucksäcke zusammen. Mein Freund Androsch benutzt einen davon ohne Unterbrechung seit 23 Jahren. Und übrigens nicht nur einen Hudy-Sack, auch einen Hudy-Gurt nannte er sein eigen. Und das kam so: In den Achtzigern hatten er und seine Kumpels sich aus der Fallschirmfabrik Seiffhennersdorf, in der eine Bekannte arbeitete, Bandschlingenmaterial geklaut, um daraus Sitzgurte zu nähen. Da sich das Material jedoch für die heimische Veritas-Nähmaschine als zu robust erwies, wurde das an sich für die luftgestützte Invasion des imperialistischen Auslands gedachte Gurtzeug kurzerhand zum Nähen wieder in die Fabrik hineingeschmuggelt. Mit diesen schicken Selfmadeteilen waren sie einmal am sächsischen Gefels unterwegs, als ihnen just jener Jindrich Hudycek über den Weg lief. Besorgt musterte er Androsch und seinen Kumpel untenherum und sagte: „Ich sehe eure Gurte – habt ihr nicht Angst?" Kurze Zeit später war Androsch dann im Besitz eines nagelneuen Hudy-Gurtes, der bis heute, also nach über 20 Jahren, immer noch nicht auseinander gefallen ist und als „Gästegurt", so Androschs Ausdruck, im Einsatz ist.

Doch da soeben schon der Mangel an Treue zu einst Erworbenem zu beklagen war, ist die Klage über den Verlust von Würde und Geschmack nicht weit. Wie kann man sich zum Bespiel so erniedrigen und als Transportbehältnis für sein Kletterseil statt eines Seilsacks eine dieser grauenhaften blauen Ikeataschen durch unsere schöne Felsenwelt schleppen? Ich überhöre in heiliger Arroganz alle Argumente, die auf das unschlagbare Preis-Leistungsverhältnis hinweisen, verachte genüsslich jene, die das für „Kult" halten und behaupte: Das Mitführen einer Ikeatasche als Seilsack-Substitut ist für mich der sicherste Indikator dafür, dass das Geschmacksprekariat unsere Felsen erreicht hat. So, das musste mal raus.

Für alle, die immer zwei Beispiele brauchen, hier ein weiteres: Nach einem Klettertag im Bielatal, der durch einen großzügig bemessenen Monsunschauer ein jähes Ende gefunden hatte, saßen wir zunächst nur äußerlich durchnässt in der Baude an der Ottomühle und waren gerade dabei, diesen Zustand auch auf unsere Innenseiten zu übertragen. Plötzlich Unruhe auf dem Weg vom Parkplatz: Eine Riesenhorde unterschiedlich großer Menschen, Männer, Frauen, Kinder, ja, viele, viele Kinder stapfte heran, insgesamt bestimmt 40 Personen, ein gewaltiges Tohuwabohu. Als sie näher kamen, erkannte ich: Das müssen Kletterer sein, aber, oh je, wahrscheinlich ein „Schnupperkurs"! Ein bizarrer Anblick: Die komplette Jack-Wolfskin-Kollektion der Saison wurde da durch den Regen spazieren geführt, man trug bereits Gurte am Leib, bei einigen hingen die Beinschlaufen schlabberlookartig in den Kniekehlen, manche hingegen sahen in ihren Kombigurten geradezu versandfertig aus. Die Kinder trugen Kletter-, Bau- oder Fahrradhelme, teils im Genick, teils auf dem Oberkopf, einige Eltern entblödeten sich nicht, sich ebenfalls (vermutlich wegen des guten Vorbildes) mit einer Plastikbedeckelung ihrer Würdereste zu berauben. Hätte ich im ersten Moment noch schwören können, dass die besorgten Mütter ihren Sprösslingen natürlich die Rucksäcke tragen würden, sah ich mich getäuscht: Nein, niemand hatte einen Rucksack, das Seil war lässig wie ein Kaschmir-Pulli in einem Frühsommerbiergarten über die Schulter gelegt, die Abseilachter baumelten wie Kuhglocken um die Beine der Schnupperkursler, und der Rest war in Strandtaschen, Rotkäppchenkörbe oder garstige ALDI-Tüten gestopft. Ich holte mir rasch noch ein Eibauer und beschloss, meinen Kopf wieder auf Stammhirnbetrieb umzuschalten.

Glücklicherweise hörte es nicht auf zu regnen, so dass vermutlich an den von der Horde heimgesuchten Felsen keine Schäden zu beklagen waren. Am Abend schrieb ich seufzend folgenden Satz in mein Ideenbuch: „Aus gegebenem Anlass: Unbedingt etwas über Schnupperkurse schreiben!"

Ach so: Bei der Recherche zu diesem Text bin ich übrigens auf einen Ikea-Taschen-Nachbau von Mad Rock gestoßen: das „Rope Bucket" für 28,50 Euro. Es ließe sich, so war der Produktbeschreibung zu entnehmen, besonders leicht schließen. Was übrigens auch für diesen Text gilt.

Gefüllte Ratten sind eine zu Unrecht verschmähte Delikatesse.

Das Rumpeln der Gigantbox
Tagebuch einer Norwegenreise

25.7.2007 – *Die normative Kraft der EU*

Auf Grönländisch gibt es angeblich 49 verschiedene Begriffe für „Schnee", was einen um die klimatischen Gegebenheiten dieser Insel wissenden Beobachter kaum verwundern dürfte. In Deutschland wiederum werden Morgen für Morgen über 300 verschiedene Brotsorten gebacken. Dass die Vielgestaltigkeit eines allgegenwärtigen Wetterphänomens oder der Wunsch nach geschmacklicher Vielfalt solch rekordverdächtige Blüten treibt, ist verständlich. Was einem da jedoch in Dänemark geboten wird, ist rational kaum erklärbar: Dänemark ist nämlich unangefochtener Weltmeister bei der Vielgestaltigkeit von Hochspannungsmasten. Abenteuerliche, zum Teil absurd hässliche Stahl- und Betonkonstruktionen, die sich gegenseitig mit wunderlichen, die Gesetze von Ästhetik und Statik aufdringlich arrogant ignorierenden Gestalten zu übertrumpfen versuchen. Vermutlich hat es bei unserem nördlichen Nachbarn mal einen albernen, von einer Großbrauerei gesponserten Wettbewerb gegeben, in dem denjenigen Ingenieuren, die die beklopptesten Konstruktionen zustande brächten, eine Dauer-Eintrittskarte ins Legoland und lebenslängliches Freibier versprochen wurden. Während wir auf einer schnurgeraden Autobahn durch die mit Abstand langweiligste Landschaft Europas rollen, wundere ich mich, dass die normative Kraft der EU-Gesetze, die selbst für die Reißfestigkeit von Tütensuppentüten oder für die Klappbarkeit einer Pizza Napoli Richtlinien erlässt, hier noch nicht eingeschritten ist.

26.7.2007 – Platzende Säcke und schwankende Leberwerte

Als wir in Hirtshals ankommen, weht eine frische Brise über den Skagerrak. Da ich mit körperlicher Pein einhergehende Zustände wie Zahnbehandlungen oder Ähnliches grundsätzlich nur in Vollnarkose ertragen kann, nehme ich sicherheitshalber gleich zwei Anti-Schlecht-Tabletten – es sollte sich richtig lohnen. Die Silvia Ana knattert mit 70 Sachen durch die Brandung, dass die Fugen knacken. Wir sitzen direkt neben dem stinkenden Pølse-Grill, was die Sache nicht gerade angenehmer macht. Stimmung und Gesichtsfarbe der meisten Passagiere verschlechtern sich von Minute zu Minute. Überall wird hektisch raschelnd nach Tüten gekramt, die dann eifrig und geräuschvoll befüllt werden. Kurz vor der Ankunft in Kristiansand geht ein bittergesichtiger Color-Line-Stewart schwankend mit einem riesigen schwarzen Müllsack durch die Reihen und hat reiche Ernte. „Hättest Du in der Schule besser aufgepasst!", wird ihm seine Mutter sagen, wenn er ihr davon erzählt. Und ich erliege dem sauer-herben Zwang, mir die Situation auszumalen, wenn jener Sack, jener prallgefüllte schwarze Sack, im Bauch einer gleichgültig kauenden norwegischen Müllpresse im Hafen von Kristiansand zum Platzen gebracht wird. Nach drei bewegten Stunden läuft das Schiff voller Bleichgesichter im Hafen ein, und wir rollen von der Fähre. Das Passieren der Zollkontrolle verabreicht uns gleich das erste Extra-Kribbeln des Urlaubs. Dazu muss man wissen, dass Norwegen zumindest für deutsche Reisende ein typisches Selbstversorgerland ist und es sich nur neureiche Angeber leisten können, dort eine Flasche Bier zu kaufen. Von daher ist unser Auto nicht nur mit Nahrungs- und Betäubungsmitteln für den Eigenbedarf beladen, sondern wir haben auch Nachschub für die bereits seit Wochen dort Weilenden gebunkert, um sie vor

Unterzuckerung oder unangenehm schwankenden Leberwerten zu bewahren. Dadurch werden wir natürlich zu potentiellen Opfer der strengen norwegischen Gesetze, die für die illegale Einfuhr einer Flasche Rotwein mehrjährige Verbannungen auf Nordseebohrinseln vorsehen. Als wir das Fenster herunterlassen und der Zöllner hereinschaut, setzt Beata ein unnachahmliches Lächeln auf, das uns vermutlich vor strengeren Prüfungen bewahrt.

28.7.2007 – Das Rumpeln der Gigantbox

Seit frühester Kindheit haben für mich Geräusch-Geruch-Kombinationen Landschaften oder Ereignissen unauslöschliche Erinnerungs-Signaturen verliehen. Sommer in Bayern: Kuhglockengeläut und Heuduft. Samstag in der Neubausiedlung: Rasenmähergebrüll und Grillfettgestank. Urlaub in Norwegen: Stopp, das muss ich erklären: Im Toilettentrakt unseres Campingplatzes sind Klos und Duschen mit Leichtbauwänden voneinander getrennt, durch die man nicht durchgucken kann. Das ist aber auch alles, was sie den in den pergamentenen Kabinen ihre Notdurft Verrichtenden oder sich Reinigenden an Intimität zu geben in der Lage sind. An diesen Leichtbauwänden sind riesige Kästen angebracht, in denen kiloschwere Klopapierrollen gelassen auf ihre Benutzung warten. Die Kästen tragen in fettroter Schrift den Namen „Gigantbox Katrin". Lässt man die Rolle in der Gigantbox zwecks Blattgewinnung rotieren, entsteht ein charakteristisches, von den Leichtbauwänden philharmonisch verstärktes, niederfrequentes Rumpeln, das fast auf dem gesamten Platz zu hören ist und in aufdringlich-indiskreter Weise vom Ende der Ausscheidungsaktivitäten der Gigantboxrumpler kündet. Also, Urlaub in Norwegen: das Rumpeln der Gigantbox und der Duft von SebaMed Frische-Dusche – das ist es, dann weiß ich, dass ich wirklich da bin.

29.7.2007 – Hightech im Elchland

Ich schalte den Laptop ein, und er signalisiert ein „Drahtlosnetzwerk in Reichweite". Ich klicke testend auf „Verbinden" und tatsächlich: Bauer Tveiten hat offenbar W-LAN in seinem Bauernhaus. Der irrste Kontrast des Sommers: Ich sitze vor der Hütte auf der Bank, der Wasserfall rauscht, die Schafe blöken, die alten Holzhäuser des Bauernhofes liegen friedlich in der Sommersonne, ich bestätige im Firmennetzwerk der Lippischen Landes-Brandversicherungsanstalt in Detmold meinem Kollegen eine Terminanfrage für irgendwann nach dem Urlaub und löse mit meinem „Viele Grüße aus Norwegen!" reichlich Verwirrung in der Heimat aus. Ich überlege kurz, was wohl passierte, wenn ich beim Essenbestelldienst im Intranet ein Schnitzel mit Kartoffelsalat orderte, lasse es aber bleiben. Die Tatsache, dass wir Onliner sind, lässt unsere Popularität bei den Freunden signifikant steigen und macht uns zu einer begehrten Anlaufstelle für Email-Abfragen, Onlinebanking-Aktivitäten – und natürlich den neuesten Wetterbericht. Es gibt im Netz drei verschiedene, die interessanterweise völlig unterschiedliche Vorhersagen machen. Wir entscheiden uns immer für die beste, und das ist auch nötig: Laut Auskunft von Einheimischen ist es der schlechteste Sommer seit Beginn der Wetteraufzeichnungen vor 150 Jahren. Und wir sind live dabei, na klasse! Zwei von 18 Tagen sind dann tatsächlich so übel, dass wir nicht klettern können und uns intensiv der Vermeidung von Rotweinrest-Rücktransporten widmen können. Auch nicht schlecht. Ich erinnere mich an Alpensommer, wo das Gut-Schlecht-Verhältnis umgekehrt war. Und der Rotwein eher alle.

31.7.2007 – Seilschoner und Arztsocken

Heute wollen wir mit Ruth und Merlin „Kaa & Co" machen, 10 Seillängen Traumreibung, es wird ihr erster langer Weg in Norwegen. Wir treffen uns am Auto und checken die Ausrüstung. Merlin hat einen Seilschoner mitgebracht, der aussieht wie ein riesiges beidseitig offenes Cordura-Präservativ, und kann mir nicht schlüssig erklären, wie man ihn benutzt. Er fragt, ob er ihn mitnehmen soll, und ich sage ihm, dass wir ihn nicht brauchen werden. Er ist ein bisschen enttäuscht. Auch den Doppelklemmkeil, der an beiden Enden des Drahtkabels je eine unterschiedliche Größe hat, bewundern wir zwar, er lässt ihn aber, nachdem ihm klar wird, dass man den anderen nicht mehr hat, wenn der erste einmal gelegt ist, ebenfalls in der Hütte. Ich bekomme Lust, gewissen Verkäufern in gewissen Bergsportläden mal auf die Finger zu klopfen. Am Einstieg schaue ich prüfend an Merlin herunter: Er hat eine von diesen blassblauen Kakelmusterhosen an, die in meinen Geschichten öfter vorkommen, und trägt weiße Arztsocken in seinen Kletterschuhen. Ach du Schreck, was soll ich jetzt machen? Schließlich ist er mein Freund. Hm, gehören derartig grausige Entgleisungen nicht eigentlich zu den Dingen, über die man unter Freunden reden sollte? Ich zögere. Als Merlin mein Gesicht sieht, fragt er, ob er nun befürchten müsse, Gegenstand billigsten Leserspottes in einem meiner nächsten Texte zu werden. Ich sage ihm das fest zu und löse es auf der folgenden Seite ein.

Ich habe mit ihm darüber gesprochen.
Er zeigte sich einsichtig.

3.8.2007 – *Huberbuam und Fischgekröse*

Schon am Vorabend haben Beata und ich beschlossen, eine Speedbegehung von „Smee" zu machen. Wir erzählen es zunächst niemandem, weil ich es gescheiter finde, erst einmal abzuwarten, ob denn die erzielte Zeit in die Kategorie „Speed" passt oder eher in die Kategorie „Nett gemeint". Um 7:11 Uhr steigen wir ein, und ich mache ein digital-zeitsigniertes Langarm-Beweisfoto. Wir rennen gleichzeitig los, dreißig Meter Zwillingsseil und immer eine geklinkte Exe zwischen uns. 10 Seillängen, 570 Klettermeter und 23 geklinkte Bohrhaken später zeigt die Signatur des Ausstiegsfotos 7:56 Uhr. Wir sind zufrieden. Beim Abseilen stellen wir uns die ebenso berechtigte wie unnütze Frage, warum wir das eigentlich gemacht haben und was wir sagen, wenn wir von unseren Freunden danach gefragt werden. „Wir sagen einfach: ,Wir wollten auch mal wie die Huberbuam!'", entscheide ich. Beata ist einverstanden. Während wir am Seil nach unten rutschen, geht mir noch durch den Kopf, dass wir für den echten Huber-Look vergessen haben, uns mit nacktem Oberkörper am Ausstieg abzuklatschen. Naja – irgendwo muss eine Grenze sein.

Am Abend gibt es ein Grillfest im Bachbett. Wir kaufen einen Sack Kartoffeln und eine tiefgefrorene Lachsforelle und legen sie vor der Hütte in die Sonne, damit sie auftaut. Conny und Martin haben auch eine besorgt, beide sollen am Abend im Bachbett ausgenommen werden. Kurz vor Beginn der Schlucht, da wo die Strömung so stark ist, dass sie das, was wir aus dem Inneren des Fisches für ungenießbar halten, entsorgen möge. Martin übernimmt dann diesen ekligen Job. Er setzt das superscharfe Messer an und sticht zu. Ich schaue lieber weg. Die Innereien werden vom Bach in die Schlucht gespült. „Hoffent-

lich kommen die nicht nachher an unserem Grillplatz vorbei",
unke ich noch. Das Grillfest selbst nimmt dann seinen üblichen
Verlauf. Beata fährt.

4.8.2007 – Unverhofftes Wiedersehen

Merlin erzählt, er habe am Eingang der Schlucht ein tiefgefrorenes Hähnchen in einem Bachstrudel gesehen. Wir lassen ihn in dem Glauben.

5.8.2007 – Konzert bei Madame Tussaud

Am Sonntag ist das Wetter mal nicht so doll, und wir können uns nach dem Aufstehen in Ruhe unserem Frühstück widmen. Es gibt Cappuccino mit Milchschaum und Schokoladenstaub, wir haben Platzdeckchen und Stoffservietten, Blumen auf dem Tisch und Musik vom Laptop, wir sind eindeutig die Schickeria hier auf Tveiten-Camping. Ich bewundere Beatas Fähigkeit, einen Müsliberg, der doppelt so groß ist wie meiner, in der Hälfte der Zeit, die ich benötige, zu verspeisen. Gleichzeitig sind wir auch so etwas wie die Rezeption: Neuankömmlinge, schwer bepackte Abwäscher und verkniffen dreinblickende Toilettengänger – alle müssen sie bei uns vorbei, und wir können herrlich lästern: Über Jack-Wofskin-Models und fettleibige Skandinavier, zerknitterte Zeltbewohner und dauerrasenmähende Bauernsöhne. Nach und nach füllt sich nebenan der Parkplatz am Freilichtmuseum Tveitetunet, es findet dort heute die Verleihung eines Kulturpreises der Gemeinde Valle statt, umrahmt von einem Musikprogramm. Das lassen wir uns nicht entgehen.

Das Musikprogramm wird von einem Akkordeonspieler eröffnet, der so alt ist, dass man befürchten muss, dies werde sein letzter öffentlicher Auftritt werden. Er bedient sein Instrument wie erwartet. Übrigens: Wer keine Scheu davor hat, mich die Fassung verlieren zu sehen, der schenke mir zum Geburtstag eine CD mit Akkordeonmusik! Ich schätze mal, die imperialistischen Folterknechte von Abu Greib und Guantanamo hatten ganz Schränke voll davon. Der Alte schlägt wacker in die Tasten, die bisweilen, nicht immer, an der rechten Stelle und zur rechten Zeit getroffen werden und singt auch ein wenig dazu, was den Gesamteindruck jedoch kaum verbessert. Zwischendurch kosten wir Kochpølse in Weizen-Tuffi-Schwämmchen mit Ketchup und danach mit Marmelade und Sahne gefüllte Waffeln. Wir haben zum Glück keine Waage in der Hütte. Anschließend tritt die „Setesdal Roots-Band" auf, eine sechsköpfige Countrykapelle mit einer eindrucksvoll dimensionierten Sängerin. Die Musiker kommen alle aus der Gegend, der Bassist zum Beispiel ist der Polizist von Valle, der, sollte er mich einmal anhalten, ab jetzt von mir mit einem Augenzwinkern begrüßt würde: „Na? Bumm-bumm-bumm-bumm...". Angeblich soll die Band mal einen Nr.1-Hit gehabt haben mit dem Titel „Stiv og støl" („Steif und starr") und der Titel ist auch heute offenbar Programm: Keinerlei Regungen beim anwesenden Publikum, lediglich nach den Stücken wird brav, aber eher unenthusiastisch geklatscht. Ok, die Norweger gelten nicht gerade als die Spanier Skandinaviens, und der Altersdurchschnitt wird auch durch unsere Anwesenheit vermutlich nur knapp unter 60 gedrückt, aber das Bild ist schon bizarr: Rund 100 steif-starre Mucksmäuschen auf Campingstühlen, nicht einmal ein Fuß wippt, Countrykonzert bei Madame Tussaud. Nur Beata und ich steppen vergnügt einen Matschfleck in die Wiese.

6.8.2007 – Komische Gleichungen

Hans ist fassungslos. Er hat eine Email von einem Kletterer aus Hamburg bekommen, der ihn fragt, wie das denn bei den Mehrseillängenrouten mit der benötigten Seillänge „60 Meter" gemeint sei. Er habe ein 50-Meter-Doppelseil und sei eigentlich der Meinung, dass, da zwei mal 50 Meter ja 100 Meter ergäben, er dann dort kein Problem habe. Hans und ich schenken uns rasch noch ein Weizenbier ein und machen uns von fortschreitender Vernebelung erheiterte Gedanken über die intellektuellen Fähigkeiten unserer kletternden Zeitgenossen.

7.8.2007 – Richtigstellung

Nachdem ich drei Norwegen-Urlaube lang vergeblich darauf gewartet habe, einem Elch zu begegnen, habe ich mich ja zu der Behauptung verstiegen, in Norwegen gäbe es gar keine, und die Bilder auf den Postkarten seien gestellte Aufnahmen, die man von mit Betäubungsspritzen sedierten Zoo-Tieren schießt, nachdem man sie mit Pferdetransportern zu einer besonders fotogenen Wiese gefahren hat. Am Abend sehe ich ihn dann aber doch, meinen ersten Elch, genauer gesagt gleich zwei: Mutter und Kind grasen im Dämmerlicht in einer Flussaue irgendwo da oben im Gebirge, am Ende der Welt. Mein Gott, ist das bewegend. Mein Herz klopft laut, ich mache zwei wackeligschwarze Bilder. Es gibt sie also doch!

8.8.2007 – Wamperte Ösis

Am Løefjell ist Hochbetrieb. Die Finnen sind da, Adam und Eva aus Schweden, zwei Dutzend Deutsche, zwei Wohnmobile voll Weißhelm-Friesen, ein Franzosenpärchen. Die Sonne scheint, alle sind's zufrieden, wo man hinschaut: lauter glückliche Menschen. Unten im Setesdal zieht derweil eine gewaltige Schauerwalze durch. Sie verschont uns zwar noch, aber ewig wird das Wetter nicht halten. Also rasch noch eine paar Reibungen gesteppt. Merlin kommt richtig in Fahrt und bricht einen persönlichen Rekord nach dem anderen. Ziemlich spät am Nachmittag kommen noch weitere sechs Kletterer den Pfad hinauf gestapft. Ich stutze: Keine reinrassig-typischen Sportkletterfiguren schälen sich da aus den Fleecepullis. Wohlgerundete Endvierziger, denen man ihren genussorientierten Lebenswandel ohne Mühe ansieht. Die Sprache verrät's: offenbar Österreicher. Sofort wird das in meinem Hirn assoziierte Wort „adipös" durch „wampert" ersetzt, und die Tagesüberschrift ist geboren. Die Rundlinge klettern dann aber, mir und meinen dummen Vorurteilen zur Strafe, richtig gut. Ja, wir haben es immer schon geahnt: Alles was auf der Reibung zählt, ist Druck auf den Füßen. Plötzlich ist dann auch der Regen bei uns. Die Reibungsplatten verwandeln sich schlagartig in Wasserrutschen, und Merlin und ich bekommen Gelegenheit, noch rasch einen patschnassen Österreicher zu retten. Er dankt es uns mit einer Dose Bier. Wer je in Norwegen war, weiß, wie wertvoll dieses Geschenk ist.

9.8.2007 – Elch reloaded

Es regnet, und Beata ist der Meinung, dass es an der Zeit sei, sich um Mitbringsel für die Daheimgebliebenen zu kümmern. Letztes Jahr war es Blaubeermarmelade, dieses Jahr muss es Elchwurst sein. Typisch norwegisch eben. Im Supermarkt in Valle gibt es nur noch eine einzige. Die anderen hat bestimmt Ruth gekauft, denken wir, sie hatte nämlich die gleiche Idee. Die Wurst sieht so eklig aus, dass ich mich weigere, sie anzufassen.

10.8.2007 – Gefüllte Ratten und richtige Männer

Am Abend gibt der Tourismusverband Valle einen Empfang für Hans im Brokkestøylen. Hans hat vor 25 Jahren begonnen, das Setesdal zu erschließen, und offenbar ist man sehr zufrieden mit ihm. Und nun die offizielle Ehrung, die mit einem kleinen Schock beginnt: Das Essen ist von zwei Holländern zubereitet worden, man darf gespannt sein. Wir stehen um einen Grill herum, der sehr vorsichtig grillt, was aber schön ist, da man sich so ausgiebig unterhalten kann. Zum Glück können die meisten Norweger englisch und die beiden Holländer deutsch, sonst stünden wir ganz schön blöd rum. In einem Tipi ist ein Büffet aufgebaut mit lauter leckeren Sachen drauf, zum Beispiel Rattenhälften, die sich dann aber als mit Hackfleisch gefüllte Paprikaschoten entpuppen. Es werden viele Lobesreden auf Hans gehalten und Hans bedankt sich. Der Silberschmied von Valle überreicht ihm ein kunstvoll verziertes Messer, auf dem „Hans, wir lieben Dich!" oder so ähnlich eingraviert ist. Hans ist sehr stolz und Jeannette sagt: „Jetzt bist du ein richtiger Mann!", was unwidersprochen bleibt. Ein Fiedelspieler kommt mit seiner Hardanger-Fiedel und spielt schöne alte Lieder, so dass wir ganz nachdenklich werden, aber das schadet ja manchmal auch nichts.

11.8.2007 – Was alles so zusammen passt

Unser letzter Klettertag, morgen müssen wir packen. Was tun? Etwas Abwegiges soll her, wie wär's mit einer weiteren Speedbegehung? Wir entscheiden uns für den „Starter" an der Vallewand, sechs Seillängen, davon die ersten fünf ganz leicht, die letzte steht immerhin mit 5- in der Neutourenliste. Am Einstieg liegt ein Elchskelett, die sterblichen Überreste eines ganz mutigen Burschen, der im vorletzten Winter irgendwie in die verschneite Wand gequert und dann abgestürzt ist. Boah, wie das wohl ausgesehen hat? „Abstürzende Elche" wäre in den Achtzigern ein schöner Name für eine deutsche New-Wave Band gewesen, schießt es mir durch den Kopf. Ich baue noch rasch einen Einstiegsmarkierungssteinmann mit einem Elchunterkiefer als makabrer Spitze. Dann rasen wir los. Es gelingt mir, die gesamte Route bis auf die letzten 8 Meter handfrei zu steigen. Am letzten Stand sichere ich nach und feuere die trödelnde Beata an. „Wieso machen wir hier Pause?", fragt sie. „Wir sind oben! 11 Minuten, ein Rekord für die Ewigkeit!" Beata schaut mich ungläubig an und will weiter. Und glaubt mir erst, als sie sieht, dass keine Bohrhaken mehr kommen. Nach dem Abseilen haben wir noch nicht genug. Wir wollen zum Einang, um die neue Tour von Error zu klettern. Wir lassen die Gurte an, die Seile auf dem Rücken und steigen in voller Montur ins Auto. Beata fotografiert uns, und es entsteht diese Sorte Bilder, die man seinen Kollegen zuhause nicht ohne Erklärung zeigen sollte, wenn man an ihrer weiteren Wertschätzung interessiert ist. Am Abend sitzen wir mit abseilschwarzen Händen vor unserer Hütte auf der Sonnenbank und haben plötzlich einen Mordshunger. Wir vertilgen die letzten Reste aus dem Kühlschrank: vier hartgekochte Eier, eine Dose Heringsfilets in Paprikacreme, dazu ca. eine Woche alte Salzstangen, gut gekühltes Weißbier und als Nachtisch Topfencreme mit Waldbeeren. Erstaunlich, was alles so zusammenpasst, wenn man es einfach isst. Sogar Merlins Kürbissuppe mit Geheimzutaten, die wir im Sonnenuntergang genießen, wird von unseren Verdauern gnädig aufgenommen und genauso zuverlässig zu Stoffwechselendprodukten verarbeitet wie ein paar Stunden später unsere Erlebnisse zu wilden Vollmond-Träumen.

12.8.2007 – Entsetzliches

Am letzten Abend passiert das Schreckliche: Der letzte der illegal eingeführten Rotweinschläuche verabschiedet sich röchelnd in die Mülltonne – leer. Also fahren wir nach Valle in den Supermarkt und kaufen für umgerechnet 8 Euro eine Flasche norwegisches Bier. Es schmeckt irgendwie nicht.

13.8.2007 – Elchschlachthäuser und fettige Touchscreens

Ruhige Überfahrt über den Skagerrak. Der Kotztütensammler von der Hinfahrt steht am Pölser-Grill und sorgt für Nachschub. Er lächelt. Er hat einen schönen Tag heute, wie es scheint. Ruth kommt mit einer Tüte voll Elchwurst aus dem Duty-Free-Shop.

Sie strahlt, dass sie doch noch welche erwischt hat, in Valle hatten wir ihr die letzte vor der Nase weggeschnappt. Sie sehen genauso aus wie unsere und stammen auch vom gleichen Hersteller. Ich stelle mir ein riesiges Elchschlachthaus in der Nähe von Oslo vor, in dem ein nicht enden wollender Strom dieser Autoaufkleber-Models zu Mitbringseln für daheimgebliebene Schwiegereltern verarbeitet wird.

In Dänemark ist alles wie immer: Die Autobahn leer, die Strommasten albern. Um 23 Uhr sind wir in Flensburg und schreiten forsch zum Rezeptionscomputer des Etap-Hotels am Hafen. „Bitte berühren Sie den Bildschirm." Ich tue, wie mir geheißen und tippe mich auf dem fettverschmierten Touchscreen bis zur enttäuschenden Botschaft durch, dass das Hotel ausgebucht sei. Wir gehen zwei Häuser weiter, es gibt zwei Sterne mehr und eine doppelt so hohe Rechnung, aber was soll's? Wir nehmen ein Flens im „Rock-Café" am Hafen, wo wir noch im Jahr zuvor von einem besoffenen schwedischen Matrosen angemacht worden waren, doch heute bleibt alles friedlich. Und die fettigheiße Pita-Gyros von Georgios zwei Häuser weiter signalisiert uns auf sinnfällige Weise, dass wir zurück sind in der Welt, in der alles ein bisschen schneller und lauter ist als dort, wo wir glücklich sind.

*Der Schuldige und das Opfer –
43 Jahre danach.*

Zwei mal 50 Meter

Er nahm alles ganz bewusst wahr: das trockene Knirschen als der Haken ausbrach, sein kurzer Schwindel, als er sich fast wie in Zeitlupe von der Wand löste, die nüchterne Erkenntnis dass er fiel. Doch Gerd würde ihn ja gleich haben, er war schließlich kurz vor dem Stand. Dann ein Ruck, ein kurzer Schlag! Aha, Gerds Standsicherung war ausgebrochen, jetzt flogen sie beide Richtung Kar. Das war's, dachte er ganz ruhig. Nicht zu ändern. So als wenn ihm gerade ein Marmeladenbrot auf die falsche Seite gefallen wäre, völlig nüchtern. Die gelbbrüchige Wand raste an ihm vorbei und er schaute sich dabei zu, wie er fiel. Er spürte keine Angst, nein, er schrie nicht einmal. Müsste er nicht eigentlich auch bewusstlos werden? Wurde man nicht bewusstlos, wenn man stürzte? Das hatte er immer geglaubt – so wie in seinen Träumen, in denen er schon oft gestürzt war, aber den Aufschlag nie erlebt hatte. Aber er war wach, seltsam leuchtend und klar waren die Eindrücke, die er aufnahm, als wenn ihm jemand ein Vergrößerungsglas vorhielt. Wie lang ein solcher Sturz doch sein konnte. Und gleich würde er tot sein. Auch das stellte er ohne Bedauern fest.

Dann ein weiterer Ruck. Wie, ein Ruck? Das konnte doch gar nicht sein. Doch tatsächlich: Er wurde herumgerissen, sein Brustgurt schnurte sich zu, wie ein riesiges Jojo fuhr er die Wand auf und ab. Er drehte sich, pendelte, kam kurz gegen den Fels, doch der war glatt, er konnte sich nicht halten und schwang wieder zurück ins Leere. Ein Blick nach oben: Das Seil verschwand hinter einem Überhang. Hoch über dem Kar hing er da. Irgendwo.

Aber wo? Wo war er? Wie war er hierher gekommen? Genau so klar wie seine Eindrücke des Sturzes gewesen waren, so bestürzend war die Erkenntnis, dass er keine Erinnerung an das Davor hatte. Ausgelöscht. Filmriss. Aber er lebte. Er baumelte dort an diesem dünnen Strick, und die elf Millimeter Nylon bedeuteten Leben, bildeten die Nabelschnur, die ihn noch mit dieser Welt verband. Er klammerte sich fest an das Seil. Um ihn herum der Tod, der apokalyptische Abgrund, und er hing dort wie eine winzige Seidenraupe an einem hauchdünnen Faden – und lebte!

Plötzlich ein lauter Schrei von oben. Das ist doch Gerds Stimme. Richtig, er war in diesem Alpensommer mit Gerd unterwegs. Seine Schreie kamen als Echo von den umliegenden Wänden zurück. Er musste höllische Schmerzen haben.
„Gerd!", schrie er aus Leibeskräften, „was ist passiert?!"
„Bist du okay?!", kam es von oben zurück.
„Ja, ich bin heil, nichts getan, wo sind wir?!" Er wusste es tatsächlich nicht mehr.
„Große Zinne Nordwand, Comici!"

Große Zinne Nordwand? Wieso? Er verstand nichts. Warum war er hier? Was war passiert? Das einzige, was ihm bewusst war, war seine kritische Lage. Er hing frei im selbstgebastelten Brustgurt. Er hatte keine Chance, die weit überhängende Wand vor sich zu erreichen. Er hatte keine Prusikschlingen dabei. „Aber die Steigklemmen! Ich habe Steigklemmen!", schoss es ihm durch den Kopf, doch da waren keine Steigklemmen am Gurt. Stimmt, ein erster Erinnerungsfetzen flatterte ihm durch den Kopf, er hatte sie am morgen auf der Hütte gelassen. Zu schwer, zu unförmig. Er würde sie nicht brauchen, war er sich sicher gewesen. Ihm würde nichts passieren. Und jetzt?

Er schaute an sich herunter. Offenbar war er nicht verletzt, er blutete nicht einmal. Was für ein Wunder nach diesem irren Flug! Im Seil hing lose ein Karabiner mit einem alten rostigen Ringhaken. Wieso? Wo kam der her? Der Ledertrageriemen des Fotoapparates war gerissen, er hing nur an einem abgefetzten Reststück, das zwischen Körper und Brustgurt eingeklemmt war. Er sicherte ihn mit einem Karabiner. Komisch, dass er dafür Sinn hatte, dachte er noch. Er spürte erste Lähmungserscheinungen in den Armen. Er musste jetzt handeln. Das Seil, das ihn hielt und das sein Leben bedeutete, würde sich innerhalb weniger Minuten aus einer Nabelschnur in seinen Henkerstrick verwandeln, wenn er nichts tat. Plötzlich merkte er, dass da ein Programm lief. Dieses Selbstrettungsprogramm, das er sich zurechtgelegt hatte und das er schon so oft mental durchgegangen war. Meistens abends, in der Hütte, wenn er ohnehin nicht einschlafen konnte, weil die Vorfreude und die Aufregung vor der großen Tour am anderen Tag ihn mit Adrenalin überschwemmten. Wie oft hatte er wach gelegen und war Schritt für Schritt dieses Programm durchgegangen: Die entscheidenden Handgriffe, die zu tun waren, um sich aus der Strangulation des Brustgurts zu befreien und wieder handlungsfähig zu werden. Er hatte dafür nicht viel Zeit, das wusste er. Schon nach 15 Minuten freiem Hängen konnte es zu spät sein, die Henkerschlinge begann schon sich zuzuziehen. Also los!

Wo war die Trittleiter? Da, rechts am Gurt hing sie an der Fangleine und baumelte unter ihm. Ihm schwindelte kurz, als er hinunter schaute. Was für eine grausige Tiefe, der wollte und musste er entkommen! Er zog die Trittleiter zu sich hoch und hängte sie mit dem Fiffihaken in den Anseilknoten. Dann stieg er in die dritte Sprosse und richtete sich etwas auf. Das war unglaublich anstrengend, weil der Fuß nach vorne weg wollte und er seine ganze Kraft aufwenden musste, um sich aufrecht zu halten. Aber nur so ging es, er spürte eine erste Entlastung. Doch wie sollte er nun ohne Prusiks wieder hinauf zu Gerd kommen? Er hörte ihn immer noch schreien. Oh Gott, was war da nur geschehen? Um die Schulter hatte er ein paar Reepschnurschlingen, sieben und acht Millimeter stark. Eigentlich viel zu dick, sie würden nicht am Seil halten, aber was war die Alternative? Er knüpfte zwei von ihnen zusammen und befestigte sie mit einem Prusikknoten am Seil. Das Programm lief perfekt, aber die Zeit war knapp! Er schob sie von oben durch den Brustgurt, und befestigte sie am Fuß mit einem Ankerstich. War das anstrengend! Dann stieg er hinein – sie rutschte etwas, aber dann hielt sie! Er konnte den Brustgurt entlasten, und fast schlagartig spürte er, wie das Gefühl in seine Arme zurückströmte. Schnell noch eine zweite Schlinge, dann war erstmal alles gut.

Immer noch Gerds Schreie. „Wahrscheinlich hänge ich an ihm", dachte er, aber wie sollte er ihn entlasten? Plötzlich tauchte oben hinter dem Überhang ein Kopf auf. Es war nicht Gerd. Doch er erkannte ihn: ach ja, einer der beiden Ulmer, die hinter ihnen eingestiegen waren. Wieder ein paar Erinnerungsstückchen. Sie mussten bei Gerd am Stand sein, also waren sie nicht allein, sie hatten Hilfe.
„Bist du in Ordnung?!", rief der Ulmer herunter. Er hatte sich weit aus der Wand gelehnt, um ihn sehen zu können.
„Ja, hier ist alles klar, ich habe die Prusiks drin und komme jetzt hoch!", antwortete er seltsam routiniert, so als ob er einem Vorgesetzten den ordnungsgemäßen Zustand einer von ihm beaufsichtigten Maschine zu melden gehabt hätte.

„Das wird so nicht gehen!", rief der Ulmer. „Du hängst komplett an Gerds Brustgurt. Seine Rippen sind gebrochen. Mein Kumpel hält dein ganzes Gewicht mit bloßen Händen um ihn zu entlasten. Das kann er nicht mehr lange. Wir lassen dir unser Seil runter, du musst dann an dem hochsteigen!"
„Alles klar", rief er zurück, „habe verstanden. Aber beeilt euch!"
Langsam kam das Seil herab, wie ein neugieriger kleiner Wurm schlängelte es sich an seinem straffen Bruder nach unten, stockend, zögernd, so als wenn auch ihm vor der Tiefe grauste. Doch ungefähr zehn Meter über ihm stockte es.
„Weiter!", rief er, „es reicht nicht! Los, lasst es ganz runter!"
„Es ist ganz unten!"
„Scheiße! Was habt ihr denn für ein Seil?!"
„Vierzig Meter!"
Vierzig Meter, genau wie ihrs. Das gab's doch nicht. Dann wäre er ja die komplette Länge ausgestürzt. Plus Seildehnung, also ein Fünfzig-Meter-Sturz! Aber warum? Er verstand es nicht.

Irgendwo rechts krachte Steinschlag in die Tiefe. Er erschrak und schaute hinüber. Da war die Demuthkante, stimmt, ja, da waren sie doch erst gestern hochgeklettert. Also waren sie an der Großen Zinne. Nordwand, Comici, klar, Gerd hatte es ja eben gerufen, sie waren in der Comici. Und da erschienen plötzlich wieder ein paar Bilder und Geräusche in seinem Kopf. Das Knirschen des Geröll beim nächtlichen Zustieg, der frühe Einstieg in die noch nachtkalte Wand, die Lichter der Stirnlampen derer, die ihnen gefolgt waren. Sie waren gut vorangekommen, ganz selten nur mussten sie mal in die Leiter steigen, sie waren in Hochform gewesen. Ja, genau, sie hatten das Ringband doch fast schon erreicht, er erinnerte sich: der vereiste Quergang kurz vor dem Stand, Gerd hatte ihn geführt, es waren vielleicht noch vier Meter bis zu ihm, er konnte ihn schon sehen. Das alte Geländerseil, an dem er sich festgehalten hatte und dann der letzte Haken. Stimmt, ja, er wollte ihn gerade aushängen und er hatte einen so schön großen Ring, an dem man sich gut festhalten konnte. Moment, der hing doch bei ihm lose im Seil, also musste er ausgebrochen sein. Aber wieso hatte Gerd ihn nicht gehalten? Hatte er das Seil losgelassen?

„Du musst hochprusiken!"
Wie? Was? Die Stimme von oben riss ihn aus seinen Gedanken.
„Du musst hochprusiken, um an das andere Seil zu kommen!"
Der Ulmer hatte sich wieder aus dem Stand gelehnt und sah zu ihm herunter.
„Ja, klar!", rief er zurück. Er musste das andere Seil erreichen, sonst hatten sie keine Chance. Also prusikte er los. Mein Gott, wie mühsam das war. Quälend langsam kam er voran. Es dauerte ewig, bis er die zehn Meter bis zum anderen Seilende geschafft hatte. Und nun? Sein Programm stockte. Das war bei seinem mentalen Training nicht vorgesehen gewesen: der Umstieg in ein zweites Seil.
„Okay, ruhig, Junge", sprach er halblaut vor sich hin, „wir entwickeln einen Plan B."
Er löste eine seiner beiden Prusikschlingen und knüpfte sie in das Seil der Ulmer. Als er sie jedoch belastete, fuhr das andere Seil samt der zweiten Schlinge und seinem Bein nach oben – scheiße, klar, die Seildehnung! Das Bein hing so hoch, dass er weder den Fuß aus der Schlinge lösen noch den entschwundenen Knoten erreichen konnte. Also zurück. Ein zweiter Versuch endete mit dem gleichen prekären Ergebnis. Da hing er nun wie eine Marionette an zwei elastischen Seilen, und das Schicksal spielte absurdes Puppentheater mit ihm. Die Kräfte

ließen nach, aber es gab nur diese eine Möglichkeit: Er musste Spannung auf das zweite Seil bekommen, damit er umsteigen konnte. Und zwar schnell, Gerd hielt wahrscheinlich nicht mehr lange durch.

Er zwang sich zur Ruhe. Er legte seine Stirn gegen das gespannte Seil und versuchte tief und gleichmäßig zu atmen. Wahrscheinlich ging es nur so: Er musste mit einer Hand sein gesamtes Körpergewicht plus Ausrüstung und Rucksack am zweiten Seil halten und dann mit der anderen Hand die Prusikschlinge umbauen. Wie lange konnte die Hand das halten? Egal, sie musste. Er rief nach oben, was er vorhatte, sie riefen „Okay!", und irgendwie tat es gut zu wissen, dass die da oben wussten, was nun zu geschehen hatte. Sie feuerten ihn an.

Der Wechsel gelang, doch er verbrauchte dabei seine letzten Reserven. Er war vollkommen fertig und bereit aufzugeben. Das Seil war dünner als ihres, die Knoten griffen noch schlechter und rutschen bei jeder Belastung wieder ein Stückchen zurück. Doch seine Instinkte funktionierten noch. Wie ein wildes Tier, das ja immer dann besonders gefährlich wird, wenn es aussichtslos in eine Ecke gedrängt wird, kämpfte er sich verbissen Stück um Stück am Seil nach oben. „Ich will da hoch, ich muss es schaffen!", hämmerte es in seinem Kopf. Nach mehr als vierzig Metern hatte er endlich wieder Kontakt zum Fels, fast verwundert berührte er ihn, wie ein an den Strand kriechender Schiffbrüchiger, dem bewusst wurde, dass er endlich die rettende Insel erreicht hatte. Die anderen drei waren nun in Sichtweite, ihm wurde klar, dass er es geschafft hatte. Und prompt kam der Zusammenbruch: totale Erschöpfung, hemmungsloses Weinen und Schluchzen, minutenlang schüttelte es ihn, bis er endlich wieder ruhiger wurde und schließlich die Freunde erreichte. Das letzte Stück zogen ihn die Ulmer mit vereinten Kräften zum Stand. Sie fielen sich in die Arme.

Nach einer halben Stunde zitterte er immer noch vor Erschöpfung. Sie flößten ihm Tee ein, und gaben ihm etwas Schokolade. Gerd hing schmerzgekrümmt am Stand und atmete laut. Das Seil hatte seinen Anorak durchgeschmort, er hatte tiefe Brandwunden am Hals und an den Händen. Der Helm lag neben ihm.
„Was ist geschehen?", fragte er ihn.
Gerd schüttelte nur den Kopf. Er wusste es nicht, keine Erklärung. Seine Schmerzen ließen offenbar keinen klaren Gedanken zu. Die beiden Ulmer bereiteten dann alles für die Bergung vor und führten sie umsichtig hinauf zum Ringband. Tatsächlich hatten ihnen nur wenige Meter zum leichten Gelände gefehlt. Über den Normalweg klettern sie langsam zurück zur Hütte. Es war der letzte Tag ihres Urlaubs.

Es dauerte viele Wochen, bis er schließlich den Ablauf des Geschehens einigermaßen rekonstruieren konnte: Gerd hatte ihn im Quergang, er wusste selbst nicht warum, in Schultersicherung gesichert, obwohl sie damals immerhin schon die Schulterkreuzsicherung kannten. Das Seil war beim überraschenden Sturz ins Laufen gekommen, Gerd hatte trotzdem zu bremsen versucht und sich dabei die Hände verbrannt. Er musste loslassen, und das immer schneller durchrauschende Seil verbrannte ihm Rücken und Hals. Schließlich war der Schmerz so groß, dass er es sich mit einem Vornüberklappen des Oberkörpers vom Körper gezerrt hatte. Dabei war auch der Helm vom Kopf gerissen worden. Sein Fünfzig-Meter-Sturz war dann tatsächlich erst von Gerds Brustgeschirrknoten abgefangen worden. Gerd hatte seine Selbstsicherung nur an der Hüftschlinge eingehängt, so dass der Fangstoß seine Rippen wie Streichhölzer zermalmen konnte. Den Rest habt ihr gelesen.

Diese Geschichte hat mein Freund Hans Weninger erlebt und aufgeschrieben. Sie hat sich im Jahr 1968 ereignet. Seitdem haben sie keine Schultersicherung mehr verwendet. Gerd klettert heute nicht mehr. Hans schon.

Leichte Kost, ausgewogene Ernährung, mineralhaltige Durstlöscher – der Tscheche macht es uns vor.

Räusche und geschenkte Gäule

Dank meiner neuen Einbauküche hatte ich ein aufregendes Kletterwochenende. Das ist zunächst einmal ein komischer Satz, wenn er da so allein steht. Zugegeben, ja, komisch, aber dennoch durchaus richtig. „Wie kann das sein?", fragt der ungeduldige Leser. Ich will es ihm sagen.

Doch zuvor sehe ich natürlich, kaum sind die Worte „meine neue Einbauküche" ausgesprochen, eine ganze Schar unangepasster Freiheitlicher und wackerer Richtig-Leber, die mir mit zu Büscheln aufgestellten Augenbrauen und leicht näselndem Ton zu verstehen geben, dass der Erwerb einer Einbauküche ja nachgerade die Mutter aller Bankrotterklärungen an ein unspießiges und wildes Leben sei. Wer sich eine Einbauküche kaufe, begebe sich quasi in den mentalen Vorruhestand und erkläre dem Leben, dass er von ihm nicht mehr zu erwarten gedenke als komatöses Dahinsabbern. Das käme ja gleich nach Daimler leasen, Kreuzfahrt buchen oder FAZ abonnieren. Das mache man einfach nicht und überhaupt: Das hätten sie nun gerade von mir nicht angenommen! Das mag alles sein, antworte ich mit durchaus ungespielter Gelassenheit, aber meine Einbauküche ist die geilste der Welt. Und ohne sie wäre ich vermutlich nicht auf der Kramnadel gewesen, das wild rauschende Rockkonzert mit all den Verrückten wäre mir ebenso durch die Lappen gegangen wie die Erstaunen verursachende Erkenntnis, doch mehr als fünf Halbe Bier trinken zu können. Also.

Wie mag sich das zugetragen haben?

Die Feilscherei beim Kauf der Einbauküche war im vollen Gang, und wir scherzten halbernst mit Matthias, dem freundlichen und fachkundigen Einbauküchenverticker herum. Beata kannte ihn von früher, wir waren per Du und versuchten zwar mit Nachdruck, aber ohne jede Unverfrorenheit, den Preis für das Schmuckstück zu drücken. Doch irgendwann gerieten die Verhandlungen ins Stocken, und Matthias erklärte uns höflich, dass für ihn nun das erreicht sei, was gemeinhin mit „Ende der Fahnenstange" bezeichnet würde. Wir lehnten uns mit einem gespielt-enttäuschten „Tja!" in unsere Sessel zurück und schwiegen. Da griff Matthias zum Telefonhörer, führte ein kurzes Gespräch mit seinem Chef, und sein Gesicht erhellte sich triumphierend, als er auflegte. Nein, am Preis sei nichts mehr zu machen, aber er habe da noch etwas ganz Besonderes für uns: ein exklusives Geschenk, mit dem sich die Firma Möbel-Knauser bei uns zu bedanken gedächte und unsere Entscheidung zu erleichtern trachtete. Er zog seine Schublade auf und überreichte uns ein gelbes Scheckheft: „Das ist für Euch, ich wünsche Euch viel Spaß damit!" Verwöhnwochenende für zwei stand darauf geschrieben. Wir bedankten uns artig und unterschrieben ohne Zögern den Kaufvertrag.

„Meine Güte – Verwöhnwochenende für zwei", sagte ich zur Liebsten, als wir daheim auf unserem gut-bürgerlichen Ledersofa Platz genommen hatten, „das klingt ja fast so spießig wie Einbauküche kaufen, Daimler leasen, Kreuzfahrt buchen oder FAZ abonnieren."
„Wieso denn?", entgegnete sie mit diesem begehrlichen Funkeln in den Augen, das ich von ihr sonst nur aus polnischen Schmuckläden kannte. „Lass uns doch mal gucken, was das ist!"
Was sollte das schon sein? Es waren Gutscheine für Vier-Sterne-

Hotels in Deutschland, Österreich und der Schweiz: Halbpension, Extra-Vouchers für Wellness, Kutschfahrten, 4-Gang-Candlelight-Dinners und ähnlichen Lifestyle-Schnickschnack. Beim „Sporthotel Kranzlechner" war gar die Benutzung eines nahe gelegenen Hochseilgartens inklusive. Na toll. Und was sollen wir da? Gelangweilt blätterte ich weiter: Schicke Herbergen in Cuxhaven, Waren an der Müritz, Königs-Wusterhausen, Hückeswagen, Glottertal, Fuschlsee, super, wir werden echt Spaß haben da draußen. Doch plötzlich stockte der blätternde Daumen: Hotel Ostrov. Hotel Ostrov? Hotel Ostrov! Das gibt's doch nicht! Ostrov, auf der tschechischen Seite des Bielatales, mitten in den tollsten Sandsteinfelsen gelegen, für uns, vier Sterne, Halbpension, Extra-Voucher, Wahnsinn! Das Buchen im Internet dauerte genau zwei Minuten.

Anfang Mai war es dann soweit, Sachen gepackt und nix wie hin. Das Hotel entpuppte sich als, na, sagen wir mal nicht gerade überbucht, und man wäre ihm wohl auch nicht zu nahe getreten, hätten statt der im Gutschein versprochenen vier nur drei Sterne auf dem Hotelschild gefunkelt. Alles sah irgendwie aus, als sei es eine Zeitlang mal ziemlich heftig und dann längere Zeit gar nicht mehr in Gebrauch gewesen. Die Bedienung im Restaurace war hin- und her gerissen zwischen unüberspielter Langeweile und semi-routinierter Bemühtheit, ihr Englisch-Deutsch-Gemisch mit tschechischem Akzent klang hinreißend. Statt der erwarteten deftigen böhmischen Küche standen „internationale Spezialitäten" auf der übersichtlichen Karte (ich sage nur: „Kalbshaxe Florida"), doch wir sollten, man wird davon lesen, noch anderswo fündig werden. Und überhaupt, jetzt soll hier mal Schluss sein mit diesem nörglerischen Blick ins Maul des unentgeltlich überlassenen Gaules!

Wir hatten das supertollste Zimmer in der Mansarde, bestimmt 60 Quadratmeter groß, Schokobetthupferl auf dem Kopfkissen, frisches Obst, Tresor, Bibel im Nachttisch, Frotteelatschen, Bademäntel und Duschhauben, alles da. Einem neben dem Telefon liegenden zerfledderten Infoblatt entnahmen wir Folgendes: „Die Atraktivität wird von dem Panorama der Natur Schutz Gebiet Sandsteine bekräftigt. Es handelt sich um Elbsandstein Gebirge und Bergsteiger Gebiet." Na, dann wollen wir doch mal gucken. Rasch die großen Flügelfenster aufgeklappt, und tatsächlich! Man hatte die schönsten Ostrover Felsen quasi direkt vor der Nase. Also schnell die Schuhe gewechselt und raus zu einem Abendspaziergang. Staunend liefen wir unter den zahllosen Felsen entlang und inspizierten schon einmal potenzielle Ziele für den darauf folgenden Klettertag. Plötzlich Geklimper am Wandfuß, Kletterer! Und dann großes Hallo: „Mensch, Peter, Beata, was macht ihr denn hier?!" Viktor war's, ein tschechischer Freund aus Hildesheim, der sich, das wussten wir, in Ostrov ein altes Umgebindehaus gekauft und zum Feriendomizil ausgebaut hatte. Wir verabredeten uns für den Abend auf ein Bier. Es wurden ein paar mehr.

Am nächsten Morgen genossen wir zunächst das internationale Frühstück (Nutella, Ei, Göbber-Marmelade nebst Pet Shop Boys) in unserer noblen Herberge, drückten anschließend lässig und schon mit geschulterten Rucksäcken dem gähnenden Portier den Zimmerschlüssel in die schlaffe Hand und stapften den kurzen Zustieg hinüber zu den Felsen. ‚Eigentlich passt das wunderbar zusammen', dachte ich: ‚als frischgebackener Vollspießer eine Einbauküche kaufen und zur Belohnung grenzdekadent von einem Vier-Sterne-Hotel aus zum Klettern schlurfen.' Ich begann mir ernste Sorgen um meinen stets für gut gehaltenen Geschmack zu machen. Doch wie las ich neulich noch: Cool ist nicht der, der Cooles tut. Nein, cool ist, wer Uncooles tut und dabei cool bleibt. Na also! „Hey, ihr kleinkarierten Würstchen da draußen, ich hab voll die abgefahrene Einbauküche, und ihr?!"

Viktor hatte uns als Einstiegsweg die Sonnenwand am Eckzahn empfohlen. Eine geneigte Wand würde uns erwarten, die sich nach oben hin ein klitzekleines bisschen aufsteilen würde, aber dafür sogar einen Ring an der rechten Stelle bereithielt, alles kein Problem, eine schöne Vier. Nun war ich durch frühere Besuche im böhmischen Sandstein bereits gewarnt, die Schwierigkeitsangaben im Führer als gut gemeinte, grobe Orientierungshilfen anzusehen und ihnen keine all zu große Bedeutung beizumessen. Aber selbst wenn sich die Sonnenwand als richtig schwere Vier erwiese – na, das sollte ja wohl selbst für leibesmittebetonte Einbauküchenbesitzer noch zu wuppen sein.
Wir rollten also voller Zuversicht unsere Auslegeware in den vom Vortagsnieseln noch leicht feuchten Einstiegssand und legten unsere Ausrüstung an. In der Jennifer-Geschichte habe ich ja schon mal beschrieben, dass es zwei Methoden gibt, seine Knotenschlingen zu transportieren: entweder als „Nylon-Diagonalpelzwurst" über die Schulter oder als kokett wippendes „Knoten-Miniröckchen" am Gurt. Bislang hatte ich immer ohne besonderen Grund die erste Methode bevorzugt. Doch da sich in der Vergangenheit natürlich an den entscheidenden Stellen die Schlingen beim Abnehmen unentwirrbar ineinander verhedderten, hatte ich beschlossen, ab sofort in die Minirock-Fraktion zu wechseln. Gesagt, getan. Doch wie muss man eine Schlinge durch die Materialschlaufe fädeln, damit der Knoten oben ist und nicht unten baumelt? Die Lösung dieses Problems

entpuppte sich als echte kognitive Herausforderung, aber sie gelang. Ich kann trotz allem nicht sagen, dass mich das System „Minirock" vollends überzeugt hätte. Zum einen gilt es ehrlicherweise festzuhalten, dass die Gesamtanmutung eines Schlingenschurzes nicht gerade männlich ist. Das wäre ja vielleicht noch zu verkraften. Zudem können sich aber auch die Röckchenbestandteile ganz vortrefflich ineinander verweben und verknubbeln, so dass es dem schweißüberströmten Vorsteiger in wackliger Position nicht gelingt, das erforderliche Sicherungsmittel vom Gurt zu lösen. Genau, richtig geraten, ebendas sollte mir selbstverständlich gleich in der Sonnenwand passieren. Die natürlich viel schwerer war als gedacht. Der Fels war unten noch leicht feucht, aber dafür auch sandig, merkwürdig abdrängende Risspassagen galt es zu meistern, die Schlingen wollten nicht recht beißen, ich wackelte und schrappte so vor mich hin. Der Ring steckte tatsächlich so verlockend, dass ich an ihm erst einmal Stand bezog, um die lächelnde, wie gewohnt leicht tänzelnd emporschwebende Gattin wieder in meiner Nähe zu wissen. Das tat, wie immer, gut und führte zu einer gewissen Normalisierung des Hormonspiegels, so dass der Rest des Weges dann schließlich auch noch einigermaßen gelang. Wir schrieben uns ins Gipfelbuch und schauten lässig hinunter auf unsere coole Sterneherberge.

Nach dem Abseilen trafen wir Viktor. Auf die Frage, wie uns seine Empfehlung denn gemundet hatte, antwortete ich ehrlich und gestand gewisse Schwierigkeiten ein, die unmöglich von der Begehung einer Route im vierten Schwierigkeitsgrad herrühren könnten.

„No", erwiderte er ruhig, „is' halt 'ne tschächische Vier – mit Älämäntä von Sächs!"

Fünf – mit Älämäntä von Sieben.

Weitere schöne Wege sollten folgen: Auf den Wurzelstein (Vier – mit Älämäntä von Finf) und auf die Kramnadel (Finf – mit Älämäntä von Sieben) und auf den Eiländer Pfeiler (Finf – mit Älämäntä von Komisch). Dann war es Zeit zum Mittagessen.

Da wir keine Lust auf „Internationales" hatten, entschieden wir uns für die „Stará pekárna", das urböhmische Restaurant in der Alten Bäckerei am Fuße der Felsen. Viktor war schon da, und wir profitierten erneut von seinen Empfehlungen: Würziger Hackbraten, kräftiges Gulasch, saftiges Kraut, braune Soße, zuckersüße Palacinka und ein frisch gezapftes Gambrinus. Genauer gesagt, zwei. Für Beata auch. Dementsprechend sorglos-beschwingt gelang dann schließlich auch die letzte Tour des Tages: die Dietrichkante am Kreisel (Finf – mit … na, ihr ahnt es schon!). Wobei Beata der festen Überzeugung war, den Grund für den Namen des Turmes gefunden zu haben.

Am Abend sollten wir dann den kulturellen Höhepunkt unseres Kurzurlaubs erleben. Wir tauschten erneut unsere Nobelherberge gegen eine Gaststätte der besonderen Art. Wenn denn unser Hotel in die Kategorie „Vier Sterne" einzuordnen war, so hätte ich als Restauranttester für die Kneipe des benachbarten Campingplatzes ohne Zögern die Bewertung „legendär" gezückt. Es erwartete uns ein irres Chaos wild durcheinander trinkender Kletterer, unter die sich die nicht minder munteren Teilnehmer eines halboffiziellen Highliner-Treffens mischten, deren Balancierkünste wir schon am Nachmittag hatten bewundern dürfen. Mitgebrachte Schnapsflaschen machten die Runde, schwappende Pivo-Gläser wurden wie auf Saloontheken über die Holztische geschubst, es duftete nach Knoblauchsuppe, Schweiß und glimmenden Hanfprodukten. Eine unglaubliche dreiköpfige Hau-drauf-und-Schluss-Rockband ballerte CCR-Songs durch die Bude, dass die Gläser klirrten. Ein wildes Pogen und Moshen hub an, und wir saßen mit roten Ohren und wummernden Bäuchen mittendrin. Ich ertappte mich bei der Frage, wie viele der hier anwesenden, ihre Narkotisierung anstrebenden Menschen wohl im Besitz einer topmodernen Einbauküche seien, kam aber nur auf zwei. Irgendwann habe dann auch ich aufgehört, die Biere zu zählen. Es mögen fünf gewesen sein, unter Umständen sogar mit Älämäntä von sieben, das ließ sich nicht mehr rekonstruieren. Dank sei dir, du fesche Einbauküche, für diesen großartigen Rausch!

Der nächste Morgen war leicht vergraut, innen wie außen, es nieselte vor sich hin, an Klettern war nicht zu denken, schade. Doch vermutlich hätten ohnehin alle von uns aufgesuchten Felsen „Kreisel" geheißen. So zerschlenderten wir unseren Kater und machten einen beschaulichen Bummel durch die vollkommen entvölkerte Tissáer Felsenstadt, verkrochen uns dort in Höhlen, machten „Kuckuck!" und „Buh!" und nahmen einen Gegengift-Cappuccino im „Refugio" bei Paolina und Jindrich. Am Mittag genossen wir dann das Abschiedsmahl in der „Stará pekárna". Ich weiß gar nicht mehr, ob ich bereits wieder in der Lage war, zum Essen regionaltypische Kaltgetränke zu verkosten.

Die Rückreise verlief ohne Zwischenfälle, so dass wir schon am Abend wieder ziemlich cool in unserer Küche saßen, um uns bei einem Glas Roten und Siebzigerschokolade von diesem prallen Wochenende vorzuschwärmen.
Klar, und natürlich auch, um Danke zu sagen.

*Wenig später sollte die Stimmung
ins Feindselige abdriften.*

Mit alles und scharf

Es ist schon erstaunlich, was man im Internet so alles findet. Selbst wenn man die Seiten ignoriert, die sich der Verbreitung von Illustrationen menschlichen Paarungsverhaltens verpflichtet fühlen, wird man der 80-jährigen Wilma Mispagel aus Garbolzum zustimmen müssen, die einmal sagte: „Es geht nirgendwo so bunt zu wie auf der Welt!" Diese offensichtlich äußerst wahrheitshaltige Aussage galt es zu überprüfen. Und so gab ich mich neulich mal anlässlich eines Anfalls aktivitätslähmender Langeweile dem ungehemmten Reiten auf den Wellen des weltweiten Datenmeeres hin: Ich google-earthte von Wolgograd nach Dannenberg, erfuhr ganz nebenbei, dass der schweizerische Zoologe Urs Noel Glutz von Blotzheim Autor des Standardwerkes „Die Brutvögel der Schweiz" ist und ließ mich von den Angeboten so prächtiger Seiten wie „www.schmierseife.de" und „www.bratwurstmuseum.net" überzeugen. Kurz: Ich klicke mal hier, mal dort hinein und erlebte dabei staunend, wie schnell der vorn mit flinker Maustaste aufgeladene schillernde Informationsmatsch hinten wieder von der Gedächtnisladefläche fiel, wie all das gelangweilt Zusammengeklickte wirkungslos und unverdaut durch mich hindurch ging und an meiner Hirninnenseite abglitt wie ein Spiegelei von einer Teflonpfanne. Zwischendurch erschauderte ich bei der Überlegung, wie es wohl um den Geisteszustand hohlaugiger Dauersurfer bestellt sein müsse, die das Netz ständig ohne eigentliche Informationsaufnahmeabsicht bereisen, kam mit mir jedoch aus Hygienegründen überein, mir darüber keine langewaltenden Gedanken machen zu wollen.

Immerhin gilt es einzugestehen, dass nicht alles in den Orkus des Vergessens gestrudelt ist: Ich habe zum Beispiel behalten, dass in Weihbüchl bei Landshut die längste Bratwurst der Welt hergestellt wurde. Sie war 5.888 Meter lang und hat 81 Schweine das Leben gekostet. Ich erinnere mich ferner daran, dass der daraufhin eingegebene Suchbegriff „größter Grill der Welt" mich zu Bildern eines umgebauten texanischen Tanklastzuges führte, in dem angeblich ohne Probleme bis zu 1.000 Würstchen gleichzeitig gegrillt werden könnten. Mein Hirn war damals offensichtlich vom web-basierten Banalitätsoverkill bereits so krank drauf, dass ich mir auszumalen begann, wie sich der grillzuführende transatlantische Transport einer knapp sechs Kilometer langen Bratwurst wohl bewerkstelligen ließe und wie lange es dauern würde, bis man jene Wurst, der man eine dauerhafte und hinreichende Kühlung während des Transportes ja wohl nur von Herzen wünschen konnte, auf dem Monstergrilltruck zubereitet haben würde.

Nun gut. Wer schon das soeben Geschilderte für bekloppt hält, sollte sich mal einen Kletterwettkampf anschauen, um seinen Irrtum, die Herstellung einer sechs Kilometer langen Bratwurst sei etwas außergewöhnlich Doofes, mit einer Leichtigkeit ausräumen zu lassen, die dem Wegschnipsen eines Brötchenkrümels von einer Wachstuchtischdecke gleichkommt. Denn man muss wohl schon die Abgestumpftheit eines RTL II-Dauerguckers besitzen, um einen Kletterwettkampf nicht für ein Spitzenerzeugnis menschlicher Blödheit zu halten: Da werden die Sportlerinnen und Sportler in öde Hallen vorgeladen, müssen meist auch noch Schmerzensgeld bezahlen, anstatt welches zu bekommen, um sich anschließend von wichtigtuerischen Funktionären vorschreiben zu lassen, an welchen Kunstharzgreiflingen sie wann, wo und wie hochzuschnappen haben. Und ach – schaut sie euch an: Halbwüchsige Gestalten, die aussehen wie aus einem Anorexie-Lehrbuch gekrochen, deren Geschlecht sich meist nur anhand der Starterlisten-Zuordnung bestimmen lässt und die vor 20 Jahren gute Chancen beim Casting für die Clerasil-Werbung gehabt hätten. Sie werden in garstige, mit greller Werbung bedruckte Einheits-T-Shirts gesteckt, anschließend sperrt man sie ohne Bewährung in finstere Umkleidekabinen, um sie hinterher wie Gefangene in die Halle unter eine absurd überhängende Plastikwand zu führen. Dort sieht man sie wie ferngesteuert pantomimische Verrenkungen machen, die so albern aussehen, dass sich der unvoreingenommene Beobachter in einen dieser überspannten Pina-Bausch-Ballettworkshops versetzt fühlt. Aber nein, die laufen ja immer nachts auf Arte, und das hier, das ist eindeutig Viva! Dann werden die Delinquenten wieder zurück in die Isolationshaft geführt, wo sie sich hübsch auf die Nerven gehen können, bis man sie endlich einzeln wieder herausruft. Die Musik bumst herum, dass die Wände wackeln, ein Hallensprecher schreit ständig irgendetwas in sein Mikrofon, und dann muss das arme Magerstufenwürstchen da hoch. Man verschmort ihn mit einem Flak-Scheinwerfer, der Zuschauermob grölt wie bei Oliver Geissen und unser Hänfling rackert sich am Kunstharz die Finger blutig. Wer zuletzt schnappt, schnappt am besten, zack, klatsch, vorbei, „Ooohhhh, Schaaade!", ruft der Hallensprecher, „Fuck!", Enttäuschung, Wut, schon beim Ablassen werden die Schuhe aufgerissen, ja, so wunderlich geht's da zu. Der Schnappi, der am spätesten runterfällt, hat gewonnen, Applaus, Applaus, ein Pokal, ein neuer Rucksack, ein paar Weltcup-, Deutschlandcup- oder Provinzcup-Punkte, das war's. Und schon bald geht's dann ähnlich kostümiert irgendwo anders an den Start, zwischendurch schön fleißig trainiert, dann klappt's auch mal mit einem Podestplatz, und man kriegt einen Werbevertrag mit einer Tütensuppenfirma, deren Logo man sich dann auf den Oberarm taggen lassen darf. Na ja, schon im Wilden Westen konnte man am Brandzeichen erkennen, wem die Kuh gehört. Sagte ich Kuh? Das Zicklein, das arme dürre Zicklein! War es nicht Malte Roeper, der mal geschrieben hat, Bergsteigen sei ein „königlich selbstbestimmter Sport"? Entweder er irrt, oder Kletterwettkämpfe sind wirklich die Perversion des Bergsteigens.

„Na, na, na", wird da der Chor der notorischen Na-na-na-Sager einwenden, „hast du da nicht ein bisschen übertrieben?"
„Klar", hört man mich ruhig sagen, „da habe ich natürlich ein bisschen übertrieben." Ich bin zwar, liebe Leserin, lieber Leser, selbstverständlich von deiner geschmacklichen Reife überzeugt. Doch kann ich mir ja nicht endgültig sicher sein, dass meine Texte nur von Erlauchten gelesen werden, vor deren Geschmack und Bildung man auf die Knie sinken muss und nicht auch der eine oder andere von den oben gescholtenen Medien bereits abgestumpfte Zeitgenosse unter ihnen zu finden ist, der einen kleinen Übertreibungsklaps auf den fernseherblickend breitgesessenen Po benötigt, um bestimmte Gehirnbereiche für Informationen zugänglich zu machen.

Auch bei dem folgenden Ereignis spielt die Übertreibung eine gewisse Rolle. Bevor ich es hier als ein absonderliches, die kulturellen Abgründe zeitgenössischen Bergsteigens schrill illustrierendes Beispiel schildere, sei eine kleine, das Nachfolgende erläuternde Randnotiz eingeschoben, die zugleich eine mutige These beinhaltet: nämlich die der offensichtlichen Abhängigkeit zwischen der Anzahl von Sandsteintürmen und dem Pro-

Kopf-Bierkonsum eines Landes. In Dänemark zum Beispiel, einem jener Länder, die in Sachen Sandstein durch vollständige Unbetürmtheit hervorstechen, werden pro Kopf jährlich 30 Liter Bier getrunken. Das schafft, mit Verlaub, ein bayerischer Kommunalpolitiker locker in einer Woche. In Tschechien, dem unangefochtenen Sandsteinturmspitzenreiter in Europa, wird hingegen mehr als das Fünffache weggezogen, nämlich 160 Liter. Auf Platz zwei der Biersauf-Championsleague rangiert, wen überrascht es, das Land der Dichter und Denker mit 116 Litern pro Nase. Schaut man sich den Bierkonsum der einzelnen Bundesländer genauer an, liegt natürlich Sachsen an erster Stelle und zwar noch vor Bayern, obwohl ja in der Heimat unseres ehemaligen Bundesministers für Ernährung, Landwirtschaft und Verbraucherschutz der Gerstensaft nicht nur Kommunalpolitikern, sondern selbst Minderjährigen und Gebrechlichen in durchaus unhomöopathischen Dosen verabreicht wird. Also, kurz gefasst: Sandsteinklettern und Biertrinken gehören offensichtlich zusammen wie Dreck und Privatfernsehen.

Es bedurfte also nur eines kleinen Hirnkurzschlusses, um auf die Idee zu kommen, die beiden statistisch verbrüderten Disziplinen Biersaufen und Sandsteinklettern unter einem Kombinationswettbewerb zu vereinen. Ich war deshalb nur mäßig überrascht, von einem befreundeten Sachsenkletterer zur Teilnahme an einer Veranstaltung namens „Bielatalfestspiele" eingeladen zu werden, die, so konnte man es auf der Seite des Veranstalters lesen, dem tschechischen „Skalní-muž-Wettkampf", zu Deutsch „Steinernen-Mann-Wettkampf" nachempfunden sei. Von letzterem hatte ich allerdings bereits furchteinflößende Bilder im Internet gesehen, die berechtigten Zweifel an der Zugehörigkeit der Abgebildeten zum mitteleuropäischen Kulturkreis zuließen.

Die „Bielatalfestspiele" sollten an einem Sommerwochenende des Jahres 2008 stattfinden, an dem ich zu einem Kurzurlaub mit meinem heranwachsenden Sohn ohnehin vor Ort weilte.

Auch das neugiergestützte Studium der Festspiel-Webseite war äußerst verheißungsvoll: Es träten wackere Zweierteams gegeneinander an, die sich in den Disziplinen Klettern, Biertrinken auf Zeit, Dreibeinlauf, Zwergenkampf und Ausdauerbiertrinken mäßen. Der Kletterwettkampf, bei dem es gelte, möglichst viele von 50 ausgewählten Routen zu klettern, begönne um 9 und dauere bis 17 Uhr. Gleichzeitig werde die Menge getrunkener Biere pro Mannschaft zwischen 9 und 21 Uhr gewertet. Aus Gründen der Unfallvermeidung seien bis 17 Uhr nicht mehr als 4 Halbe pro Person zugelassen, einschließlich des Startbieres, das um 8:45 Uhr ausgegeben werde und für jeden Teilnehmer Pflicht sei. Vor Mogeleien wurde strafandrohend gewarnt, nachweisbarer Schwindel, wie zum Beispiel Verschütten oder Weiterreichen eines Wettkampfbieres, führ zur Disqualifikation (wobei vermutlich bei mir schon nach der Einnahme des Startbieres erheblicher zerebraler Schwindel nachweisbar gewesen wäre). Im Anschluss an das Klettern fände zunächst das Speedtrinken statt, bei dem die Probanden einen halben Liter Bier auf Zeit zu stülpen hätten. Abschließend folgten mit dem „Dreibeinlauf" und dem „Zwergenkampf" zwei weitere Wettkämpfe, die aber, so vermutete ich, nur dazu dienen sollten, die alkoholverursachten Gleichgewichtsstörungen der Teilnehmer in für die Zuschauer ergötzliches Getaumel und Gepurzel umzumünzen. Als ich den Browser schloss, war mir klar: Das musste ich sehen!

Da man ja schließlich nicht nur von Luft und Liebe lebt und es am Ruhme beständig zu arbeiten gilt, kam ich auf die Idee, ein strenges, wertendes Textchen über die Ereignisse zu verfassen und die Story an ein großes deutsches Klettermagazin zu verkaufen. Der Chefredakteur vermutete zunächst eine meinem phantasiebegabten Hirn entsprungene Geschichte und willigte spontan ein. Erst als ich ihm sagte, dass das alles im Juli tatsächlich passieren würde, zögerte er, sah vermutlich vor seinem geistigen Auge Werbeverträge zerplatzen wie Luftballons in Kasernenzäunen, stimmte dann aber doch mit dem Vorbehalt zu, den Text gegebenenfalls kürzen zu dürfen.

Am Morgen des Wettkampftages mussten wir beim Blick in den Himmel ernüchtert feststellen, dass der Dauerregen der letzten Tage seinem Namen auch heute alle Ehre zu machen gedachte und damit die Veranstalter vor ein Problem stellte: Nach § 4.3 der Sächsischen Kletterregeln ist das Klettern „… an nassem und feuchtem Fels (…) zu unterlassen." Ich hatte zwar eine Ahnung, was den Veranstaltern zur Lösung des Problems einfallen würde, nämlich einfach ohne zu klettern durchgehend von 9 bis 21 Uhr Bier zu saufen, war aber trotzdem gespannt, was uns erwarten würde. Gegen 10 Uhr, also exakt 1 Stunde und 15 Minuten nach dem Ausschank des Startbieres, trafen wir schließlich an der Wettkampfstätte ein. Diese bestand aus einem erfahren wirkenden Gartenpavillon, zwei madigen Sonnen- respektive Regenschirmen, einem kokelnden Holzkohlegrill und einer professionellen Zapfanlage, hinter der vier 50-Liter-Fässer standen. Zirka zwei Dutzend Gestalten, durch Outdoorbekleidung, Rundrücken und Riesenpranken eindeutig als Kletterei identifizierbar, standen munter schwatzend mit biergefüllten Plastikbechern in der Hand herum und musterten uns neugierig, als wir die Szene betraten. Ich begrüßte den Freund, der auch Organisator der Veranstaltung war und mit dem ich bereits vorab telefonisch geklärt hatte, dass ich nicht als Teilnehmer käme, sondern lediglich als Berichterstatter der Veranstaltung zu medialem Ruhm zu verhelfen gedächte. Zur Bekräftigung meiner journalistischen Absichten schoss ich auch ein paar Fotos der Bier trinkenden Festspielteilnehmer, was vom einen oder anderen bereits mit einem Stirnrunzeln quittiert wurde – was will der Fremde hier?

Im Gartenpavillon war eine auf Tapetenrollen erstellte Liste der startenden Teams angebracht. Einige von ihnen hatten sich prachtvolle Namen gegeben, die eindeutigen Aufschluss über ihre Absichten gaben: „SV Immerblau", „Flaschenkinder", „Normsturz" und ähnliche. Daneben befand sich eine Tabelle, die darauf wartete, dass in ihr die erbrachten Leistungen der Teams eingetragen wurden. Jene Leistungen beschränkten sich natürlich während der ersten Stunden, da man auf die durchgreifende Abtrocknung der Felsen zu warten gezwungen war, ausschließlich auf das fleißige Sammeln von Punkten in der Fachrichtung „Ausdauerbiertrinken". Auch mir reichte man ein persönliches Startbier, was ich auch nach kurzem Zögern annahm. Plötzlich löste sich aus der Gruppe der Punktesammler ein Pärchen und verschwand mit der Bemerkung, man wolle mal schauen, was so ginge, Richtung Felsen. Mich meiner journalistischen Aufgaben erinnernd, heftete ich mich kamerabewaffnet an ihre Fersen und erreichte sie am Einstieg einer jener Touren, die der Veranstalter auf die Liste der zu kletternden Wege gesetzt hatte. Der aufgesuchte Fels war, gelinde gesagt, nass wie die Innenseite einer Melone und schimmerte smaragdgrün durch den Regenwald. Selbst wenn es keinen § 4.3 der Sächsischen Kletterregeln gegeben hätte – dass man

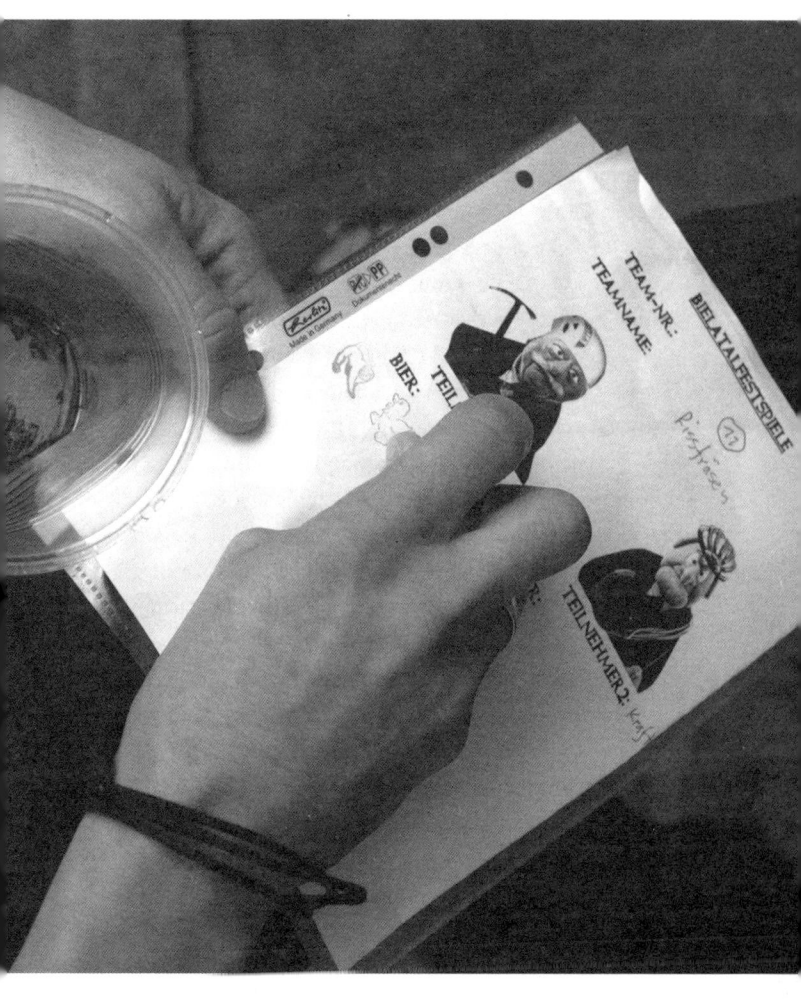

Leistungsnachweis

an diesem Felsen unmöglich würde klettern können, wäre selbst einem bayerischen Kommunalpolitiker nach Einnahme seiner Wochenration klar gewesen. Während unsere beiden Festspielteilnehmer nun lustlos das gipfelbuchbewehrte Melonenragout musterten, fragte ich sie arglos nach ihren Namen, um meine zu erstellende Dokumentation in schmückender Absicht mit Realnamen zu authentisieren. Gleichzeitig begann ich, sie zu fotografieren. Doch kaum hatte ich zweimal auf den Auslöser gedrückt, schlug die Stimmung um. Die beiden schauten mich feindselig an und fragten mich, was ich hier zu suchen hätte. Ich blieb freundlich, verwies auf meinen journalistischen Auftrag, doch das schien die Stimmung eher anzuheizen, statt zu beruhigen. Man gab mir unmissverständlich, also unter Androhung unmittelbarer körperlicher Gewalt zu verstehen, ich solle meine Fresse halten und verschwinden, man könne sich schon vorstellen wer ich sei: ein von der Nationalparkverwaltung gedungener Spitzel, der, heimtückisch als Journalist getarnt, sie bei der Verletzung von § 4.3 dingfest machen wolle. Aber das solle ich nur versuchen, dann gäbe es ein paar aufs Maul. Einer von beiden kam beängstigend forschen Schrittes auf mich zu, schubste rüde meine Kamera zur Seite, packte mich an den Schultern und sagte unmissverständlich: „Verpiss dich!" Das rechnerisch ungünstige Freund-Feind-Verhältnis hieß mich, Vernunft walten zu lassen, ich drehte mich wortlos um und verschwand – ich gestehe: klopfenden Herzens – Richtung Festspielplatz. Dort berichtete ich dem befreundeten Festspieldirektor fast beleidigt von dem entwürdigenden und aus meiner Sicht auf einem bedauerlichen Missverständnis beruhenden Zwischenfall mit den Melonenragoutbegutachtern, was von jenem mit der Überreichung eines Plastikbechers voll Wettkampfgetränk quittiert wurde: „Ich mach das schon."

Kurze Zeit später erreichten die beiden mutmaßlich Bespitzelten unverrichteter Dinge wieder ihre mit Tesa-Krepp beschrifteten Wettkampfgefäße und begannen unverzüglich an ihrem Punktesaldo zu feilen. Mein Freund gesellte sich zu ihnen, man diskutierte kurz, mit dem Kopf auf mich deutend, und schließlich kamen alle drei verlegen lächelnd zu mir herüber. Sorry, wenn man das gewusst hätte, nicht so gemeint, müsse ich verstehen, schließlich sei das ein heikles Thema, und ob sie mir ein Bier ausgeben könnten. „Klar!", sagte ich erleichtert, bekam von jedem eins und hatte damit reichlich zu tun. Ich knipste noch gelöst herum, dokumentierte munter die fortschreitende Alkoholisierung der Wettkämpfer und verließ bald darauf den Festspielort in der Gewissheit, Zeuge eines wirklich extravaganten Ereignisses geworden zu sein. Ein paar Tage später wurde das Endergebnis der Bielatalfestspiele im Netz veröffentlicht. Aus den für die gekletterten Wege vergebenen Punkten schloss ich, dass das Wetter an diesem Tag noch richtig toll geworden sein musste. Die siegreiche Mannschaft hatte sowohl beim Dreibeinlauf als auch beim Speedsaufen (mit 5,0 Sekunden!) obsiegt. Entscheidend für den Erfolg war aber wohl, dass die beiden mit wackeren 30 Halben den Großteil der Konkurrenz deutlich hatten distanzieren können. Mein Freund rief ein paar Tage später an und bedauerte meine frühe Abreise, die wirklich sehenswerten Szenen hätten sich erst danach abgespielt. Es fiel mir nicht schwer, das zu glauben.

Nun wird natürlich das Heer der Naserümpfer, Profinörgler und Leserbriefschreiber nicht mit Einwänden kargen und mir forsch entgegenhalten, man könne ja wohl sagen, dass der Bekloppheitsunterschied zwischen einem als Kletterwettkampf getarnten Systembesäufnis und einem normalen, von mir als viva-style-tauglich geziehenen Kletterwettkampf nur im Nano-Bereich anzusiedeln sei. Gelassen entgegne ich: Ja, klar, das kann man natürlich sagen.

Die Episode hatte noch ein kurzes Nachspiel: Im Anschluss an meine journalistische Eskapade lud ich meinen Sohn, dem es mittlerweile ob der vielen Warterei richtig langweilig geworden war, an der nahen Ottomühlen-Baude auf ein Entschädigungseis ein. Dort war zeitgleich mit uns ein kleiner Junge mit einem Klapprad angekommen, das er achtlos in eine Pfütze warf. Er rannte zur Kioskluke, machte einen Klimmzug an der Thekenkante und rief nach Günther, dem Wirt. Dessen rundes Gesicht tauchte in der Kioskluke auf, er begrüßte den Jungen, den er offensichtlich kannte, und schaute ihn fragend an. Da sprudelte es auch schon aus dem Kleinen hervor:
„Gindr, weeßte was mor heid gesähn hom?"
„Ä! Was hobdr dänn gesähn?"
„'N Schworzschdursch![1]"
„Was? 'N Schworzschdursch hobdr gesähn?"
„Nu!"
Stefan, der gerade begonnen hatte, an seinem Eis zu lecken, blieb mit offenem Mund stehen und machte ein Gesicht wie jene Menschen aus den alten UFO-Filmen, die gerade frisch gelandeten, leprös bebeulten Außerirdischen begegnet waren. Ich nahm ihn beiseite.
„Junge, was ist los?"
„Papa, was, ... äh ... was war das gerade?"
„Das war sächsisch", antwortete ich und lieferte eine kurze Übersetzung des Gehörten.

---

[1] Sächsisch für „Schwarzstorch" (Ciconia nigra)

Auf der Rückfahrt schließlich verspürten wir beißenden Hunger, und so hielten wir in Königstein vor einer kleinasiatischen Imbissbude an und orderten zwei Döner. Während die Fleischflocken vom Spieß rasiert wurden, drang aus den Fettnebelschwaden die Stimme des schwarzäugigen Fleischbildhauers an unser Ohr:

„Mit alles und scharf?" Damit dürfte sich auch für Begriffsstutzige der Titel des Textes mehr als hinreichend erklären.

*Lasst euch von der vermeintlichen
Arglosigkeit dieses Bildes nicht täuschen.
Es ist die Hölle!*

Überfallkommando

Ein in meinen persönlichen Nettheits-Charts eher unter „mittel" rangierender Kollege schickt mir von Zeit zu Zeit witzige Emails zu. Genauer gesagt welche, die er für witzig hält. So mit Fotos von dicken Menschen, irgendwelchen Youtube-Brüllern und ähnlichem Quatsch. Neulich war mal so eine schreiend bunte Powerpoint-Präsentation angehängt, mit dem reißerischen Titel „Du merkst, dass du älter wirst, wenn …" Folgende absurde Beispiele wurden unter anderen angeführt: Man erinnere sich angeblich an frühere Namen von Zwillings-Schokoriegeln, wisse noch, wie das Einwahlgeräusch eines Modems klänge und bekäme in der Straßenbahn von Jugendlichen einen Sitzplatz angeboten. Und so weiter und so weiter. Lächerlich!

Trotzdem muss man ja nun ehrlicherweise – und durchaus nicht ohne einen Anflug von Resignation – konstatieren, dass es objektiv beobachtbare Veränderungen zu beklagen gilt, die wir eindeutig dem Älterwerden zuzuschreiben haben. Wobei ich mich hier mal auf die hauptsächlich beim männlichen Geschlecht auftretenden Symptome beschränken will: Haare wachsen plötzlich nicht mehr an den ihnen angestammten Stellen, sondern völlig woanders, die allgemeine Spannkraft lässt nach, und trotz entgegenwirkender Bemühungen verändert sich die Körperform langsam aber merklich. Zu diesen Veränderungen gehört übrigens nicht nur die Verlagerung des Körperschwerpunkts nach vorne-unten, sondern auch, dass man kleiner wird – wir schrumpfen, wenn wir altern. Angeblich werde der Wassergehalt im Körper mit steigendem Alter geringer, und so verlören die Bandscheiben schrittweise an Höhe. Glücklicherweise geschähen diese Prozesse aber sehr langsam, so dass uns genügend Zeit eingeräumt werde, uns daran zu gewöhnen. Und das ist ja auch tröstlich: Wir gewöhnen uns gemeinhin geduldig und ohne viel Murren an unser Äußeres. Ich bin zumindest der Meinung, dass wir das tun sollten. Toupets, Haartransplantationen, Tränensackverkleinerungen, Fettabsaugungen oder Plateauschuhe lehne ich entschieden ab. Ich bin ja noch nicht einmal bereit, dieses komische österreichische Bullengesöff auf seine Flügelverleihtauglichkeit hin zu überprüfen. Nein, ich habe beschlossen, in Würde zu altern und nicht zu tricksen, wenn gewisse Körperfunktionen sich in den Vorruhestand verabschieden.

Das mit dem Kleinerwerden ist aber schon blöd. Mir wäre das gar nicht aufgefallen, denn ich neige nicht dazu, zum Arzt zu rennen, um mich alle Nase lang von innen und außen vermessen zu lassen. Aber neulich wurde mir schlagartig bewusst, dass ich ein Zwerg bin. Ein kleines, hutzliges Männchen. Wie das?

Beim Blick in mein akribisch geführtes Tourenbuch war mit aufgefallen, dass mir der Überfall auf die Lok noch fehlte. Du merkst, dass du noch nie in Sachsen klettern warst, wenn du das jetzt für das Eingeständnis eines auf Bahnüberfälle spezialisierten Schwerverbrechers hältst. Nein, der Überfall auf die Lok ist einer der berühmtesten Kletterwege der Sächsischen Schweiz und gehört eigentlich zur Allgemeinbildung eines jeden Kletterers, der jemals seine Sohlen auf den heiligen Sand an der Elbe gesetzt hat. Anlässlich meiner Integrationskurse war das jedoch irgendwie versäumt worden, und nun hatte ich den Salat: Ich konnte nicht mitreden.

Wie hat man sich diese Route nun vorzustellen? Die Lok, genauer gesagt die Lokomotive, ist eine Felsformation im Rathener Klettergebiet, die aussieht wie eine alte Dampflok. Sie steht ziemlich ausgesetzt am Honigsteinmassiv, hoch über dem Amselsee, auf dem fast 200 Meter tiefer, von Tagesausflüglern knarrend und polternd bewegt, alberne bunte Ruderkähne herumschippern. Sie besteht aus zwei eigenständigen Gipfeln, der „Esse" und dem „Dom", die durch den sogenannten „Kesselgrat" miteinander verbunden sind. Der Alte Weg auf den „Dom" ist relativ leicht und wurde schon im Jahre 1886 bestiegen, Schwierigkeitsgrad III. Die „Esse" hingegen widersetzte sich noch weitere 17 Jahre tapfer allen Angriffen. Nach einigen unsportlichen Versuchen mit Seilwurf und ähnlichen Indianertricks wagte Albert Kunze 1903 schließlich den ausgesetzten Überfall von der Pfeife zur Esse, und es gelang ihm so die erste sportlich einwandfreie Besteigung.

Und so funktioniert das: Vom Gipfel des Doms steigt man kurz auf den Kesselgrat ab und balanciert dort wie auf dem First eines Kirchendaches, hinüber zur Pfeife, einem kleinen Felshöcker, der genau da sitzt, wo die Lok die Pfeife hat und mit dem der Grat jäh endet. Dahinter gähnt eine tiefe Kluft, auf deren anderer Seite sich die Esse erhebt, die die Pfeife noch einmal um 15 Meter überragt. Auf dem Felshöcker wird der Sicherungsknecht an einem kleinen Sandsteinpoller festgemacht, und dann geht's los: Vom äußersten Rand der Pfeife muss man sich über die Kluft hinüber zur Westkante der Esse fallen lassen und dann den Körper hinüberziehen. Anschließend quert man nach rechts in die Südwestwand und erreicht über einen Riss den Gipfel. Schwierigkeitsgrad sächsisch V, also ungefähr 4+ nach UIAA-Skala. Kinkerlitzchen, sollte man meinen.

Nun ist das aber mit den Schwierigkeitsgraden so eine Sache. Zunächst einmal: Ich liebe Schwierigkeitsskalen. Ich habe in meinem Zimmer ein großes Plakat hängen, auf dem alle real existierenden Schwierigkeitsskalen der Welt in einer Vergleichstabelle nebeneinander abgebildet sind, einschließlich sämtlicher Boulder-, Winter-, Sprung-, Mixed-, Techno- und Speleoskalen. Ein faszinierendes Kombinationswirrwarr von arabischen und römischen Ziffern, Buchstaben und mathematischen Zeichen. So ähnlich muss 1916 an der Preußischen Akademie der Wissenschaften in Berlin die Wandtafel von Albert Einstein ausgesehen haben, auf der er die allgemeine Relativitätstheorie entwickelt hat. Schaut man sich die Tabellen genauer an, so fällt auf, dass es eigentlich nur zwei vernünftige, als echte Skalen zu beschreibende Systeme gibt, nämlich die australische Skala und die sächsische Sprungskala. Beide fangen bei 1 an, die nächstschwierigere Stufe ist 2, dann 3 usw. Negativbeispiele sind die englische Skala mit ihrer verwirrenden Kombination aus Kletterschwierigkeit und Ernsthaftigkeit und natürlich das bekloppteste aller Systeme: das französische. Zahlen, Buchstaben und mathematische Zeichen in unrhythmischer und den Gesetzen der Logik den Gehorsam verweigernder Abfolge. Es spricht Bände über den Geisteszustand unserer Schwerkletterer, dass ausgerechnet diese Skala sich mit einer kaum nachvollziehbaren Hartnäckigkeit im Highendbereich durchgesetzt hat und sogar knallharte Apfelkiechla- und Zwiebelblootz-Franken sich nicht scheuen, für eine Tour die auf den schönen deutschen Namen „Raubritter" hört, eine „huit b plus" auszuwerfen. Das besondere an der sächsischen Skala ist hingegen, dass sie bis zum Grad VI mit der Kletterschwierigkeit eigentlich gar nichts zu tun hat. Eine VI z.B., so hörte ich, sei eine VIIa ohne Ring. Und man kann eigentlich an den unteren Graden vor allem ablesen, ob man aus einer Tour rausfallen kann, oder nicht. Es gibt beispielsweise Kamine, die man ums Verrecken nicht hoch kommt, aus denen man aber auch nicht rausfallen kann, weil sie so eng sind. Die sind dann maximal IV. Wenn der Überfall an der Lok nun mit V bewertet war, hieß das vermutlich, dass man eventuell doch kleinere oder größere Luftfahrten einzukalkulieren hatte. Und wir werden gleich sehen, wie erschreckend wahrheitshaltig diese Vermutung ist.

Es war im Mai 2008. Beata und ich genossen unseren ersten Frühlingsausflug ins Elbsandsteingebirge, und irgendwie verfiel ich auf die Idee, just an diesem Wochenende den weißen Fleck von meiner Kletterlandkarte zu tilgen – der Lok-Überfall musste es sein. Ich wollte das ganze mit einer Komplettüberschreitung kombinieren, also über den Perryweg ganz am Ende des Massivs beginnen, um dann über Dom und Pfeifengrat zum Überfall zu gelangen. Ein klassisches Unternehmen, das gefiel mir! Am Vorabend saßen wir bei Christine und Bernd im Innenhof, tranken schwarzes Bier, und ich erzählte von unserem Vorhaben.
„Wie, den Überfall hasde noch ni?"
„Nee, ich weiß, das ist eigentlich 'ne Schande, aber morgen wird das erledigt. Muss ich irgendwas beachten?"
Bernd grinste schelmisch, nahm einen Schluck aus seiner Eibauerflasche und guckte mich in seiner typischen Art über seine Brille hinweg an.
„Nu, du bisd doch groß, das schaffsde schon. Die Gluft is ooch nur ungefähr eensfuffzsch breid. Das wird vermudlich die reine Freude!"
„Okay, ich bin einszweiundachtzig, mit ausgestreckten Armen bestimmt zweidreißig, das wird ja wohl reichen."
Bernd holte einen Zollstock und maß von einer dicken Sand-

stein-Türeinfassung aus 150 Zentimeter in den Hof hinein. Dort legte er einen kleinen Stein als Markierung auf den Boden und hieß mich, die Trockenübung zu vollziehen: Hinstellen, etwas in die Hocke gehen, rüberschieben, Klatsch! Ein Kinderspiel. Turnunterricht Grundschule. Lächerlich.

„Dr Kunze ist damals middm Fuß zuärsd rübergedrädn", sagte Bernd. „Man nannte den Überfall deshalb auch „Kunze-Schritt". Wird heud abr eher selden gemachd."

Ich stellte mich noch einmal an meinen Markierungsstein, hob mein linkes Bein und versuchte mir vorzustellen, wie sich das anfühlen würde, kam aber rasch mit mir überein, es bei der bewährten Hock-Schieb-Klatsch!-Technik zu belassen.

„Man kann ooch springen", legte Bernd nach. „Habsch ooch schon gemachd. Solo im Auf- und Abstieg…"

„Jetzt hör aber mal auf", bat ich ihn und machte mir noch ein Bier auf.

In der Nacht hatte ich einen merkwürdigen Traum, einen Traum der einmal Realität gewesen war: Irgendwann in den Siebzigern waren wir mit der Jugendgruppe zum Klettern im Harz und wollten den Überfall an den Hausmannklippen machen. Dort musste man sich vom „Kleinen Turm" über eine tiefe Scharte zum „Großen Turm" fallen lassen und sich dort an zwei alten Haken festhaltend auf den Gipfel mogeln. In der Scharte war nun aber zum Schutz der in der Talseite häufig brütenden Wanderfalken irgendwann mal ein schmiedeeisernes mit bajonettartigen Spitzen bewehrtes Gitter angebracht worden, dass jeden Überfallaspiranten rostig und mordlüstern angrinste. Wir saßen mit der ganzen Truppe auf dem Gipfel des „Kleinen Turmes", und niemand hatte so recht Lust, das potentielle Pfählungsopfer zu geben. Doch da meldete sich ausgerechnet unser Kleinster

zu Wort: Andreas Huneke, seines Zeichens Pastorensohn aus Hildesheim. Er war Zeit seiner vergleichsweise kurzen Kletterkarriere ausschließlich dadurch aufgefallen, dass er für diesen edlen Sport ein Talent hatte, dessen Größe die einer Erdnuss nicht wesentlich übertraf. Er sagte, wenn sich unter uns Schlappschwänzen keiner fände, dann würde er das jetzt hier machen. Wir wandten ein, dass die bei dieser Tour im Führer vermerkte Charakterisierung „Mutprobe – und für Kurze Akrobatik!" eigentlich dagegen spräche, dass ausgerechnet ein Zwerg wie er sich dort versuchen wollte, doch er war nicht von seinem Vorhaben abzubringen. Ich will es kurz machen. Er ließ sich fallen, überspannte die Schlucht in nahezu voll gestreckter Position, war dadurch naturgemäß völlig handlungsunfähig und begann binnen kurzem zu schreien, als stecke er bereits auf dem spitzigen Rostmörder, der unter ihm lauerte. Wir retteten ihn, das sei verraten, doch so weit träumte ich nicht, denn durch seine Schreie wurde ich geweckt und fuhr im Bett hoch.
„Was ist?", fragte Beata erschrocken.
„Nichts, hab nur geträumt", stammelte ich, ohne ihr etwas vom Inhalt des Traumes zu verraten.

Am anderen Morgen schlenderten wir bei herrlichstem Frühlingswetter nach Rathen und hinauf zu unserer Lokomotive und machten uns bereit für unser Vorhaben. Doch bereits der Perryweg gelang nicht ganz so entspannt wie erwartet, ich spürte eine seltsame Aufregung in mir. War das noch der Nachhall des geträumten Beinah-Gemetzels oder bereits die nervöse Vorahnung von Hock-Schieb-Klatsch!? Als wir schließlich auf dem Domgipfel saßen, schickte sich gerade eine andere Seilschaft an, den Überfall zu machen. Prima, dachten wir, Anschauungsunterricht an Ort und Stelle, das ließen wir uns nicht entgehen. Es war ein Pärchen, sie stieg vor, er sicherte sie von einer Öse am Kesselgrat aus. Die junge Sportsfreundin balancierte behände wie eine Schornsteinfegerin über den First, legte die erwähnte Pollerschlinge als Zwischensicherung und schwang sich auf die Pfeife hinauf. Doch so leicht und flüssig ihre Bewegungen bis hierhin gewesen waren, so gehemmt und unsicher wirkte sie auf einmal. Sie tastete sich nach vorne, ging etwas in die Hocke und schien schon drauf und dran, sich hinüberzuschieben, als sie abbrach und sich kopfschüttelnd wieder aufrichtete. Sie machte einen zweiten Versuch, verharrte aber in der Startposition und rührte sich nicht.

„Na los", sagte ich leise, „mach schon! Hock-Schieb-Klatsch! Ist ganz einfach! Einsfünfzig! Kunze! 1903! Mein Gott, was stellt die sich an!"

Abermals brach sie ab, drehte sich mit einer Geste des Bedauerns zu ihrem Seilgefährten um und rief: „Ich glaub, ich bring das nicht, lass uns umdrehen!"

Prima, dann war endlich der Weg frei für uns. Na, dann wollen wir da mal rüberschnipsen – Esse, wir kommen!

Beata machte sich an der Sicherungsöse fest, und ich stand am Beginn des Kesselgrates. Meine Güte, war der schmal! Ängstlich schaute ich nach rechts in die Tiefe. Nachgerade senkrecht unter mir knarrten fast zweihundert Meter tiefer die Ruderboote. Und da sollte ich rüberlaufen? Auf halbem Weg steckte zwar noch eine Öse, die man als Zwischensicherung nehmen konnte, aber trotzdem: einfach so laufen? Musste das sein? Ach Quatsch, was soll's, und außerdem sagt Bernd doch immer: Sicherheit kommt aus dem Arsch! Also hingesetzt und rittlings hinüber. Ich gestehe, ich kam mir zwar etwas unzünftig vor, aber egal, sicher ist sicher.

Der Sandsteinpoller für die Zwischensicherung an der Pfeife wirkte, gelinde gesagt, etwas verlebt. Er hielt außerdem wahrscheinlich nur in eine Richtung. Ich fröstelte kurz bei der Vorstellung, an diesem bröseligen Knauf Stand machen zu müssen. Im Falle eines Sturzes hätte man dann quasi als angeseilter Kamikazeverband einen todbringenden Angriff auf die Amselseeflotte vollführt. Nein, Beata war dahinten an ihrer Nirosta-Öse wirklich besser aufgehoben. Ich merkte mir noch kurz die Belastungsrichtung, in der die Schlinge unter Umständen halten würde und nahm mir vor, darauf zu achten, auf der richtigen Seite abzustürzen, wenn es denn nicht zu vermeiden war. Leicht wackelig richtete ich mich auf der Pfeife auf. Ein kurzer Blick zurück zu Beata, ein eher zaghaft erhobener Daumen. Herrje, war das ausgesetzt hier oben. Als wenn das unbedingt nötig gewesen wäre, schickte der Frühlingswind auch noch ein paar Böen übers Land, ich schwankte leicht.

„Ähm, ich guck mir das erst mal an, hier!", rief ich zu Beata, setzte mich rasch wieder auf meinen Hintern und rutsche bis an die Abbruchkante vor, so dass meine Beine über der Schlucht baumelten. Vorsichtig lugte ich hinunter: Da also würde ich reinscheppern, wenn irgendetwas Unvorhergesehenes passierte. Und auf welche Seite des Grates musste ich gleich noch gelangen, damit die Schlinge hielt? Nach rechts, also Richtung Amselsee. Und was würde passieren, wenn die Schlinge nicht hielt? Na ja, ich würde schreiend die halbe Wand südlich unterhalb des Kesselgrates entlangschrappeln und den Besatzungen der Amselseekähne das erste Extra des Tages spendieren. Toll. Und wie würde ich danach aussehen? Ach, komm, reiß dich zusammen, befahl ich mir, das ist nur 'ne V! Konzentrier dich lieber auf den Überfall und sieh zu, wie du den hinkriegst! Doch als ich zur Westkante hinüberschaute, packte mich das

Grausen. Meine Güte, war die weit weg! Ich kam mir vor, als säße ich auf der Spitze des Nordturms des Kölner Doms und hätte die Aufgabe, mich zum Südturm fallen zu lassen. Vorsichtig richtete ich mich wieder auf und riskierte noch einen scheuen Blick über die Schlinge zurück zu Beata. Sie hatte wieder dieses Lächeln aufgesetzt, ach, dieses Lächeln! Auf wie viel weniger Gipfeln hätte ich in den vergangenen Jahren wohl gestanden, gäbe es dieses Lächeln nicht ...
„Pass gut auf", rief ich ihr zu, „ich ... ich mach das jetzt!"
„Ich hab dich!", rief sie zurück. „Und, wie sieht's aus da vorne?"
„Alles easy", log ich, „Hock-Schieb-Klatsch! – und das war's!"
Mit kleinen Trippelschritten, wie eine Oma auf einem vereisten Bürgersteig, schob ich mich bis zur vordersten Kante. Der Wind brachte mich leicht ins Schwanken. Ängstlich schaute ich hinüber. Scheiße, ist das ein Riesenspalt! Das schaff ich nie, das sind doch mehr als Einsfünfzig, das sind mindestens drei, wenn nicht gar vier Meter! Und da drüben gibt's keine Griffe an der Kante und legen kann man bestimmt auch nichts. Ich versuchte mich zu konzentrieren und fixierte mit starrem Blick die Kante des Turms. Und plötzlich kam alles in Bewegung: Die Wände vor mir flohen nach rechts und links, gleichzeitig zoomte sich die Tiefe saugend heran, oh Gott, was war das? Vertigo? Hitchcock? Immer weiter schwand die Kante aus meiner Reichweite, immer tiefer und schwärzer wurde der Abgrund um mich herum. Meine Knie begannen zu zittern, und gleichzeitig spürte ich, wie ich zu schrumpfen begann. Meine Arme und Beine wurden in sich zurückgezogen, mein ganzer Körper schrumpelte zusammen wie eine Schnecke im Lagerfeuer. Wenige Augenblicke später sah ich mich als kleines hutzliges Männchen auf einem unendlich hohen, einsam aufragenden Turm stehen, um mich herum nichts als Luft, in der Ferne immer

weiter fortstrebende Türme, die eben noch in meiner Reichweite gestanden hatten. Ich bin Rumpelstilzchen, kreischte es durch mein Hirn, Rumpelstilzchen auf dem höchsten Sandsteinturm der Welt. Ach, wie gut das niemand weiß, dass ich Rumpelstilzchen heiß! Heute back ich, morgen brau ich, übermorgen mach ich den Lok-Überfall! Haha, hihi! Ein wildbuntes Kreiseln vor meinen Augen zwang mich dazu, mich wieder auf meinen Hosenboden zu setzen. Ich schloss die Augen und glitt in die Wirklichkeit zurück. Ich atmete schwer. Vorsichtig blinzelte ich zwischen meinen zuckenden Lidern hindurch. Da waren sie wieder, die Essenkante, die Pfeife, meine Schlinge, meine Beine, die da in die Schlucht baumelten, alles war noch da und in gewohnter Länge an Ort und Stelle. Und noch etwas war da plötzlich, nämlich ein deutliches Signal in meinem Kopf: Brunnert, nichts wie weg hier, du hast hier nichts zu suchen!
„Alles klar?", Beatas Stimme klang besorgt.
„Ja ja, alles klar", entgegnete ich heiser, „aber du – ich glaub ich bring das heute nicht, lass uns umdrehen!" Hmm, hatte ich das nicht heute schon mal gehört?
Ich kroch über den Grat zurück, und als ich bei meiner Frau ankam, legte sie mir eine Hand auf die Schulter, so wie ein General es tut, bevor er einem Soldaten eine Tapferkeitsmedaille umhängt.
„Aber im nächsten Jahr – da machen wir das Ding, versprochen!", sagte ich trotzig.
„Wann immer du willst", kam die lächelnde Antwort zurück.

Am Abend las ich in der Teufelsturm-Datenbank den Kommentar eines Kletterers, dem zu entnehmen war, dass seine 1,55 Meter große Freundin den Überfall an der Lokomotive ohne Probleme gebracht hatte. Widerliche Angeberei!

*Nicht alle Strände an der Côte d'Azur
sind richtig toll.*

Ohne Sakko nach Monaco

Sauerland! Wer die Zamonien-Romane vom Walter Moers gelesen hat, würde sich nicht wundern, diesen Namen in Prof. Dr. Abdul Nachtigallers Lexikon eingereiht zwischen den Östlichen Natifftoffen, Wolperting, dem Golf von Florinth, und den Finsterbergen wiederzufinden. Aber nein, wer in Erdkunde aufgepasst oder einen holländischen Skifahrer zum Freund hat, weiß, dass es das Sauerland wirklich gibt. Und man begegnet dort auch nicht solch bizarren Daseinsformen wie Vrahoks, Blutschinken oder Haifischmaden, sondern eher Katholiken, Schützenbrüdern und Liftbetreibern. Mitten im Sauerland nun, liebe Freunde, gibt es einen kleinen Ort mit Namen Nuttlar – ja, auch den gibt es wirklich, und er ist nicht der Phantasie eines der sieben Gehirne des großen Eydeten Nachtigaller entsprungen.

Nuttlar! Ein Ort, für den es nicht lohnt, einen Farbfilm zu kaufen: schwarz-weißes Fachwerk, schwarze Schieferdächer, ein paar Asphaltstraßen. Begibt man sich auf www.nuttlar.de, so wird man eines vierfarbigen, vom Ortsvorsteher herausgegebenen „Jahresbriefes" gewahr, dem Aufschlussreiches zu entnehmen mir eine große Freude war: Die Schützenbruderschaft St. Anna und die gleichnamige Kirchengemeinde sind offenbar neben den Kreisliga-A-Kickern und dem Chor „Sing for Joy" die einzigen Kulturträger des Ortes. In Nuttlar, so der Jahresbrief, leben 1.590 Deutsche und 87 Ausländer, es wurden 1.319 Katholiken und 358 Menschen anderer oder ohne Glaubensrichtung gezählt, und bei der Landtagswahl 2010 hat die CDU 56,8% der Stimmen errungen. Die Message, ganz klar: Macht euch keine

Sorgen, ihr Menschen von Nuttlar, alles ist gut, und alles bleibt wie es war! Für unsere Geschichte werden im Übrigen folgende Nuttlarer Schauplätze von Bedeutung sein: Die einzige Kreuzung des Ortes, die Kneipe „Zeche Elend", die Sparkassenfiliale von „Millionen-Robbert", die „Kaiserquelle", die Post und das „Textilhaus Franz Flock".

Das „Textilhaus Franz Flock" wurde von Franz und Agnes Flock geführt und war zum Zeitpunkt der Geschehnisse, also Anfang der 1980er Jahre und in der Vor-Takko-Zeit, eine von zwei Möglichkeiten, in Nuttlar Bekleidung einzukaufen. Franz und Agnes hatten drei Söhne, Elmar, Robert und Romanus, die beiden letztgenannten werden hier gleich zu Hauptdarstellern anvancieren. Robert studierte Architektur in Dortmund, und Romanus war Schüler. Sie hatten sich im Dorf einen gewissen Ruf erarbeitet, was damals relativ leicht ging. Lange Haare reichten. Dazu kamen Gespräche wie:
„Na, Robbert, was machssen sso?"
„Studieren."
„Und – was studiersse?"
„Architektur."
„Ah – auch sson Weltverbesserer!"
Sie waren jedenfalls ein ums andere Mal Gesprächsthema der Stammtische des Ortes, sei es wegen des skandalösen Wohnumfeldes (Robert lebte unverheiratet mit seiner Freundin Ulla und gemeinsam mit seinem Bruder in einer WG) oder ihrer offensichtlichen (lange Haare!) politischen Einstellung wegen: Eines Abends kam Vater Flock von seiner allsonntäglichen, „Dämmerschoppen" genannten Stammtischrunde nach Hause und sagte mit gedämpfter Stimme zu seiner Frau: „Wir hamse. Wir hamse alle aufgeschrieben. Alle 74!" Gemeint waren die ersten Grünen-

Wähler in der Geschichte Nuttlars. Dass die Flock-Jungs auch dazu zählten, das war natürlich jedem der Dämmerschoppler klar gewesen.

Das ergiebigste Stammtischthema war jedoch die „Zeche Elend". Robert und sein Kumpel Wolfgang hatten eine Dauerbaustelle mitten im Ort, an dem sie eine Kneipe für das Sauerländer Jungvolk eröffnen wollten. Bei beiden Unternehmern waren die Kassen jedoch so leer wie ein Freibad im November, und so kamen die Bauarbeiten in einem Tempo voran, das als schleppend zu bezeichnen wohl eine schöngefärbte Übertreibung darstellte. Das Projekt wurde unter der Nuttlarer Bevölkerung daher mit dem Arbeitstitel „Zeche Elend" versehen. Als die Kneipe dann wider Erwarten doch eines Tages fertig war, wurde überlegt, wie man sie denn nun nennen sollte. Zunächst sollte sie „Apo-Theke" heißen, schließlich einigte man sich jedoch darauf, die Gaststätte so zu nennen, wie sie ohnehin schon hieß: „Zeche Elend".

Just in jener Kneipe saß nun eines Abends Romanus Flock und heulte in sein siebtes Bier. Sabine, seine Traumfrau, hatte ihn gerade zum dritten Mal verlassen. Sein Bruder gesellte sich zu ihm und versuchte ihn zu trösten:
„Pass mal auf, du musst raus hier", sagte Robert und legte seinen Arm um ihn. „Weißte was? Du kommst morgen einfach mit Ulla und mir mit nach Monaco."
Romanus trank das Glas leer.
„Nee, scheiße, lass mich in Ruhe!"
Robert holte ein weiteres Bier und schob es seinem verheulten Bruder hin.
„Komm", sagte er hartnäckig, „was willste hier alleine, fahr doch mit, das wird bestimmt lustig."

Romanus schaute seinen großen Bruder aus glasigen Augen an, nahm einen tiefen Zug aus dem Glas, knallte es vor sich auf den Holztisch und rief: „Genau! Scheiß-Weiber! Wir fahrn nach Monaco und lassen die Sau raus!"

Wieso Monaco? Diese Frage stellt sich natürlich. Die Antwort ist eigentlich einfach, wirft jedoch, man wird es noch sehen, eine weitere Frage auf. Zunächst: Robert und Romanus waren Kletterer, hatten im „Alpinismus" einen Artikel über die Klettergebiete an der Côte d'Azur gelesen und sich dabei besonders von einem Bild beeindrucken lassen, auf dem ein in enge Farbtextilien gezwängter und aus braunem Muskelstahl gefertigter Sportkletter hoch über Monte Carlo an den Fingerspitzen baumelte.
„Das wär's doch", hatte Romanus gesagt, „mit'm Arsch über Monaco hängen und 'ne Sieben minus klettern, whow! Das is was anderes als Sauerland."
Und da spaziert sie auch schon herein, die zweite Frage: Wieso Kletterer? Klar, das Sauerland ist ein Mittelgebirge, in dem sich's vortrefflich wandern und auf Baumstümpfen Schinkenbrote essen lässt, aber mit ein paar Ausnahmen geizt es doch in gleichem Maße mit echten alpinen Reizen wie seine Bewohner mit Weltoffenheit. In Nuttlar jedenfalls ist das wildeste Stück Landschaft eine steile Wiese, die in einen abscheulichen Mergelhang übergeht und auf den irreführenden, weil unzutreffenden Namen „Spörkels Steinbruch" hört. Kein gesunder Mensch, da bin ich mir sicher, würde bei dessen Anblick einen unbezwingbaren inneren Drang verspüren, mit Kletterbewegungen zu beginnen. Und ach, auch die beiden Flock-Buben wären sicherlich niemals von dieser aggressiven Variante der Alpinitis vulgaris befallen worden, wäre da nicht Onkel Udo

gewesen. Onkel Udo hieß mit bürgerlichem Namen Udo Dünschede, im Ort war er allerdings fast ausschließlich unter „Uddo 2000" bekannt. Alles, was in den 1980ern modern wirken sollte, war ja mit dem Zusatz „2000" versehen. Kneipen, Haarsprays, Fußballschuhe, ja, sogar Fahrschulen – der Zusatz „2000" hob das so gekürte Objekt auf wunderbare Weise aus dem Dunst des Gewöhnlichen und verlieh ihm eine Aura des Fortschrittlich-Visionären. Auch „Uddo 2000" war der gemächlich tickenden Nuttlarer Zeit um einiges entrückt: Er reiste viel, erweiterte seinen Horizont und erreichte auf seinen Reisen gar das ferne Himalaya-Gebirge. Die Eindrücke dieser Reise fasste er einmal vor den wie gebannt an seinen Lippen hängenden Neffen wie folgt zusammen: „Das eine will ich euch sagen: Himalaya, das kannste mit Ötztal nicht vergleichen – ist viel schmutziger. Aber der Anapurna, da geht's hoch: so! Wie bei Spörkels Steinbruch!" Onkel Udo hatte sie dann auch irgendwann mal zum Klettern mitgenommen, die Jungs waren Feuer und Flamme gewesen, und spätestens als das Dorf davon erfuhr, war endgültig klar: die Flock-Jungs, die haben nicht alle Tassen im Schrank! Schnell hatten sie die umliegenden heimischen Klettergebiete abgegrast, die Sportkletterwelle hatte sie voll erfasst, und als sie dann diesen Artikel gelesen hatten, stand fest: Monaco, das ist es, da müssen wir hin!

Monaco also. Was brauchte es dafür? Nun, bevor ich kurz schildere, was Robert von alledem, was man für diese Reise gut hätte brauchen können, nicht hatte, sei auf die für den Fortgang der Geschichte nicht ganz unwichtige Tatsache verwiesen, dass niemand damals ein Handy besaß. Man verabredete sich zu jener Zeit schlicht und ergreifend. Das, liebe Kinder, ging so: Man vereinbarte, zu einer bestimmten Zeit an einem bestimmten Ort

zu sein. Das wenige, was man dafür brauchte, waren eine Uhr, naturgemäß rudimentäre Ortskenntnisse und diese wunderbare Grundtugend mit Namen Pünktlichkeit. So auch in diesem Fall: Robert und Ulla wollten mit Roberts Käfer fahren, Roberts Freund Christof mit seiner Freundin Martina reiste in einem Ford Escort an. Da beide weder über Ortskenntnis noch diesen Mangel beseitigende Landkarten verfügten, wurde folgende wunderbar einfache Verabredung getroffen:
„Übermorgen um zwölf, Monaco vor dem Casino." Alles klar? Alles klar!
Nun, fast alles war klar. Robert hatte zwar diesen 1200er Käfer, über den noch zu reden sein wird, er besaß eine leidlich zu nennende Kletterausrüstung, wusste mit Ulla eine nette Freundin an seiner Seite, aber verfügte eben über eins nicht: Geld. Sein kurz vor dem Examen stehendes Studium hatte Löcher in seine Kasse gerissen, die so tief waren wie die berühmten Nuttlarer Schieferstollen, und er betrat mittlerweile die heimische Sparkassenzweigstelle mit dem gleichen mulmigen Gefühl, mit dem er früher ins elterliche Wohnhaus zurückgeschlichen war, wenn er eine Mathe-Fünf im Schulranzen hatte. Jene Zweigstelle der Sparkasse Bestwig lag in unmittelbarer Nachbarschaft seines Elternhauses und war ein mit „schmucklos" nicht allzu ungerecht beschriebener Betonzweckbau, der leicht nach Schimmel roch, wobei niemand so genau wusste, wo dieser Geruch herrührte. Nur böse Zungen behaupteten, dass der Zweigstellenleiter Robert Kersting, genannt „Millionen-Robbert", in den Jahrzehnten seiner öffentlich-rechtlichen Gefangenschaft schlicht an seinem Tresen festgeschimmelt war.

Sein Namensvetter Robert Flock hatte nun also die letzten Kröten zusammengekratzt und sich tatsächlich eingebildet,

einen zweiwöchigen Trip an die Côte d'Azur von 400 D-Mark bestreiten zu können. Die Tatsache, dass sie mit Romanus nun einen dritten Mann im Käfer hatten, würde vermutlich auch nur für einen höheren Spritverbrauch verantwortlich zeichnen, ein wesentlicher Beitrag zu einer komfortableren finanziellen Ausstattung der Reise würde auch aus Romanus' schmalem Schülersalär nicht zu rekrutieren sein. Am Morgen des Abfahrtstages warf nun Romanus seine Klamotten in den Käfer und sprang hinterher, wobei ich, der sprachlichen Präzision und der Wahrheit zuliebe, besser schreiben sollte: Er stopfte sich und seine Sachen in das enge Gefährt, und sie knatterten los. Sie kamen an die einzige Kreuzung in Nuttlar, an der man rechts in Richtung Bestwig und links nach Monaco abbiegt, als ihnen einfiel, dass sie besser noch ein paar Dosen Bier mitnehmen sollten. Also rasch rechts ab zur „Kaiserquelle", bei der es palettenweise Büchsenbier zu kaufen gab. Als Romanus mit 50 Dosen Warsteiner auf dem Arm aus der Kneipe stürmte, begegnete ihm einer der Dauerinsassen der „Kaiserquelle", die dort Tag für Tag an der Aktion „Unser Dorf soll schöner werden" beteiligt waren und dies unter Zuhilfenahme von angemessenen Quanten Wachholders und Warsteiner Bieres, zumindest was ihre subjektive Wahrnehmung anbetraf, auch tatsächlich hinbekamen.
„Tach Hebbert!", grinste Romanus.
„Tach Romanus! Ssamma, wo wilsse denn mit den chanzen Bier hin?"
„Nach Monaco!", rief Romanus fröhlich, klappte die Käfertür zu, und sie brausten los. Die Kunde, die sich daraufhin an den Nuttlarer Stammtischen verbreitete, war die erste von einer ganzen Reihe von unglaublichen Nachrichten, die die an den heimischen Alkoholrauschfeuern Ausharrenden von den Flock-Brüdern in den nächsten Tagen erreichen sollten.

Mittlerweile waren sie auf der Autobahn, kamen gut voran und waren guter Dinge. Der Käfer schnurrte wie ein Kätzchen auf der Ofenbank. Dass er das tat, war dem Umstand geschuldet, dass unter seiner Haube ein Austauschmotor-Herz pochte. Dieses war ihm eingepflanzt worden, nachdem Romanus den ersten Motor, die strengen brüderlichen Ermahnungen missachtend, durch eine irrsinnige Autobahndauervollgasfahrt (PAMM!) zum Platzen gebracht hatte. Als Ablass für die dadurch entstandene Schuld waren 200 D-Mark zu berappen gewesen, die Hälfte dessen, was der Dorfschrauber für den Einbau eines Ersatzaggregates verlangt hatte. Das würde aber halten, so man es denn nicht besinnungslos trat, hatte er versprochen. Nun wusste es also auch Romanus: Ja, ein Käfer hat einen luftgekühlten Boxermotor, der behutsam wie ein einjähriges Pferd geritten werden wollte, wenn man vorhatte, heile anzukommen. Also waren sie schön gleichmäßig mit hundert über die Bahn gefahren, und die Landschaft war unter ihnen hindurchgeglitten: Bigge-Olsberg, Winterberg, Marburg, Frankfurt, das Rheintal, Basel, Bern, Montreux und der Sankt-Bernhard-Tunnel. Gerade hatten sie sein Südportal durchquert, als es von hinten PAMM! machte. Ulla, die auf der Rückbank gedöst hatte, schreckte hoch, als habe man ihr einen Chinaböller unter dem Hintern gezündet.
„Was ist?! Was ist?! Was ist das!?", kreischte sie. Doch Robert und Romanus starrten nur wortlos durch die Frontscheibe, als der Wagen rauchend auf dem Seitenstreifen ausrollte. Das Geräusch kannten sie.
„Gar nix is", erwiderte Robert trocken, nachdem der Käfer zum Stillstand gekommen war. „Der Motor is im Arsch. Peng, aus, das wars!"
„Und jetzt?", fragte Ulla kläglich, „was machen wir jetzt?"
„Jetzt?", erwiderte Romanus, „was wir jetzt machen? Jetzt trin-

ken wir erst mal ne Büchse Bier, fahren müssen wir ja heut nich mehr!" Es machte dreimal kurz „Knack-Zisch!", und man sah die drei an ihren Schrotthaufen gelehnt das erste Bierchen des Tages schlürfen.

Eine Notrufsäule war rasch gefunden, und irgendwie wurde der Abschleppwagen herbeigekauderwelscht. Das zweite Döschen Bier befand sich bereits im Anschlag, als er eintraf. Der Abschleppunternehmer war ein lockerer Typ, bedeutete den dreien, sie sollten im Auto sitzen bleiben, zog die Käferleiche mitsamt den drei Insassen, die sich an ihren Warsteiner-Büchsen festhielten, auf die Pritsche und bretterte los. Es ging auf die Autobahn Richtung Turin. Die erste Mautstelle kam, der Abschleppmeister zahlte, fuhr drei Meter vor und die Zöllnerin schaute mit einer Mischung aus Schadenfreude und Dienstfertigkeit in den Käfer. Ja, natürlich, auch sie hätten zu zahlen. Robert kurbelte die Käferscheibe herunter, zückte seine Börse, zahlte die vierzehntausend (oder waren es vierzehnmillionen?) Lire und leitete mit dieser ersten von noch vielen weiteren unvorhergesehenen Zahlungen einen dramatischen pekuniären Abschmelzprozess ein, der unsere drei Freunde in den nächsten Tagen noch gewaltig beschäftigen sollte. Doch noch ging es ihnen gut. Bier war reichlich vorhanden, sie wurden über die Autobahn geschaukelt und grüßten mit ihren Dosen in die fassungslosen graugerahmten Gesichter eines deutschen Rentner-Reisebusses, dessen Insassen auf Augenhöhe vorbeifuhren.

Die Fahrt endete schließlich in einem kleinen Bergdorf vor einer heruntergekommenen Dorfschrauberwerkstatt, die vermutlich dem Schwager des Abschleppunternehmers gehörte. Der Käfer wurde vom Stapel gelassen und auf den Hof geschoben. Der Mechaniker öffnete die Motorhaube und schaute hinein, obwohl eigentlich klar war, dass es dort nichts zu sehen geben würde. Sie standen schweigend zu fünft im Halbkreis um den geöffneten Sarg herum und nahmen still Abschied. Der Abschleppkünstler unterbrach räuspernd die Stille und machte mit der geöffneten rechten Hand eine unmissverständliche, weil international gebräuchliche Geste, die darauf schließen ließ, dass er für seine soeben erbrachte Dienstleistung eine Entschädigung entgegenzunehmen gewillt war: Genauer gesagt 200.000 Lire. Damit hatte sich also die Reisekasse bereits zur Hälfte geleert, und unseren drei Freunden war klar: Es wird finanziell unter Umständen ein bisschen knapp.

Was war zu tun? „Wir müssen morgen um zwölf vor dem Casino in Monaco sein – das ist unsere einzige Chance", sagte Robert düster. In der Tat: Der dort dann mit Sicherheit auf sie wartende Christof würde zwei entscheidende Dinge dabei haben: ein funktionierendes Auto und Geld. Christof hatte einen Job und war im Vergleich zu unseren Gestrandeten stets mit beruhigend dimensionierten Bargeldmengen ausgestattet. Romanus blickte auf seine Uhr:
„Morgen, zwölf Uhr. Jetz is 18 Uhr 30, das wird knapp!"
„Jau", pflichtete ihm Robert bei, „das sind bestimmt noch 350 Kilometer bis dahin, lass uns sofort los!"
Schnell wurde beratschlagt, was man mitnehmen sollte, und es war klar: kein unnötiger Ballast, sie mussten schnell sein. Und was braucht ein Bergsteiger als einziges, wenn's eng wird und er nur auf sich allein gestellt ist? Seine Daunenjacke. Also schnappten sie sich ihre gänseschmuckgefüllten Körperwärmer, jeder nahm sich eine Dose Bier und Robert stieß die bereits beängstigend dünne Geldbörse in die Gesäßtasche seiner Jeans.

Die Rucksäcke mit dem Kletterkram, die restlichen Bierdosen und ihre Klamotten ließen sie einfach im Käfer zurück, man würde sie mit Christofs Auto abholen. „Domani, morgen." Der Autoschrauber nickte. Wenige Minuten später sah man sie mit erhobenem Daumen an der Straße stehen.

Genauer gesagt war es Ulla, die den Daumen hob. Sie stand da lächelnd in der Abendsonne an der staubigen Landstraße und genoss das erste richtige Abenteuer ihres Lebens. Sie kam aus einem erzkatholischen und stockkonservativen Elternhaus und hatte sich bislang kein Leben außerhalb des Nuttlarer Sauerlandteigs vorstellen können. Umso mehr sog sie nun jedes Molekül dieser geheimnisvollen und aufregenden Welt gierig in sich ein und strahlte mit dem Abendrot um die Wette. Die drei vertrauten einem alten Tramper-Trick: Nachdem die heißblütigen Norditaliener den hübschen Köder gesichtet hatten, sollten sie noch die beiden daunenbejackten Langhaarzottels schlucken. Es funktionierte. Gleich das erste Auto hielt an.
„Autostrada?"
„Si, Autostrada!" Das klappt ja gut.
Auch an der Auffahrt standen sie nur wenige Minuten. Ein Lastwagenfahrer bremste lautstark und öffnete sein Fahrerhäuschen:
„Dove? Wohin?"
„Monaco?"
„Si, si Monaco, avanti, salite, steigt ein!"
Die drei schauten sich ungläubig an: Das geht ja ruckzuck! Gleich der zweite Lift geht direkt nach Monaco, Wahnsinn! Vergnügt saßen sie im Führerhaus, der Brummifahrer erzählte ihnen mit inbrünstiger Begeisterung irgendetwas auf Italienisch, sie verstanden kein Wort, tranken ihr letztes Bier und genossen die Fahrt. Der Laster fuhr und fuhr und nach einer guten Stun-

de bemerkte Robert, dass irgendetwas nicht stimmte. Sie fuhren in die falsche Richtung, nach Norden. Robert stieß den Fahrer an, deutete mit der Hand in die entgegengesetzte Fahrtrichtung und sagte:
„Scusi, Signore, ähm, Monaco? Da lang?"
Der Lasterlenker kramte in seinem Seitenfach, knallte eine speckige Straßenkarte auf das Armaturenbrett, stieß seinen dicken Finger auf die Karte und rief:
„Si, Monaco, naturalmente, Monaco!"
Robert starrte auf die Stelle, auf die der schwarzgeränderte Nagel unseres italienischen Speditionsfacharbeiters zeigte. Dort stand in roten Versalien: „München". Ach du Scheiße, ja, klar, München heißt auf Italienisch Monaco. Stopp, halt, sie mussten raus hier! Der Laster fuhr rechts ran, sie stiegen auf dem Seitenstreifen aus und hatten ein weiteres Problem.

Sie mussten in die andere Richtung, also auf die andere Seite der Autobahn. Heute unvorstellbar: Sie gingen einfach hinüber. Das war ganz einfach, denn es fuhr dort kein Auto. Minutenlang. Na, das konnte ja was geben. Mittlerweile war es dunkel, sie waren auf der leersten Autobahn der Welt, und die Zeit tickte gnadenlos: morgen um zwölf, Monaco, vor dem Casino.
„Pass auf", sagte Romanus, „wenn wir in diese Richtung gehen", er wies Richtung Süden, „kommt bestimmt irgendwann eine Raststätte. Von da kommen wir dann auch weg."
Es gab weder einen anderen, geschweige denn einen besseren Plan, also stapften sie los. Drei Daunenjacken auf dem Standstreifen, im Dunkeln, Richtung Monaco. Die Raststätte kam sogar eher als vermutet, war aber geschossen. Chiuso, dunkel, dicht. Ein paar Laster standen mit zugezogenen Vorhängen auf dem Parkplatz.

„Von hier kommen wir ja nie im Leben weg", stöhnte Ulla. Nein, hier war auch mit ihrem charmantesten Lächeln nichts zu holen. Also stellten sie sich fast trotzig wieder an die Autobahn und warteten. Minutenlang geschah nichts. Doch dann hörten sie aus der Ferne ein Auto heranrauschen, es musste wahnsinnig schnell sein. Tatsächlich, da tauchten die Scheinwerfer hinter einer Kurve auf, sie rissen ihre Daumen in die Luft, das Gefährt rauschte mit geschätzten zweihundert Sachen heran und donnerte an ihnen vorbei. Eine Sekunde später machte es eine kreischende Vollbremsung, kam nach hundert Metern zum Stehen und setzte jaulend bis zu den dreien zurück. Die Beifahrertür ging auf.
„Dove?"
„Torino?" Sie waren vorsichtig geworden.
„Si, Torino." Sie stiegen ein, und die Limousine brauste in die Nacht davon.

Sie ließen sich zum Turiner Hauptbahnhof bringen und entwickelten, sich des großen preußischen Feldherrn Helmuth Graf von Moltke erinnernd, den Plan: Getrennt marschieren, vereint schlagen! Robert und Ulla kauften sich zwei Zugtickets nach Ventimiglia, von wo aus sie den Rest an der Küste bis Monaco trampen wollten. Der Inhalt von Roberts Portemonnaie schrumpfte dadurch auf einen Betrag, für den man maximal irgendeine Kleinigkeit zu essen würde kaufen können. Romanus hingegen sollte die ganze Strecke weiter trampen. Auf diese Art und Weise, so waren sie sich sicher, würde der eine oder die anderen auf jeden Fall pünktlich um zwölf vor dem Casino sein. Von diesem Moment der Texterstellung an hat der Verfasser demnach kurzzeitig zwei Erzählstränge zu bewältigen. Also, frisch ans Werk!

Der erste Strang, nämlich die Tramperei von Romanus, ist beunruhigend rasch erzählt, es klappte nämlich alles. Die Lifts reihten sich aneinander wie Störfälle im Kernkraftwerk Brunsbüttel, und um Punkt zehn Uhr saß er vor dem Eingang des Casinos von Monte Carlo. Er hatte es tatsächlich geschafft: Palmen, Sonne, blauer Himmel, genau wie er es sich vorgestellt hatte. Jetzt musste er nur noch warten, bis entweder Christof und Martina oder Robert und Ulla auftauchten. Alles würde gut werden. Er hockte sich auf den Rasen des Parks vor dem Casino, lehnte sich an einen Baum und wartete. Und während er das tat, erinnerte sich sein Körper daran, dass er zwei Nächte lang nicht geschlafen hatte. Romanus hatte keine Chance.

Der Zug nach Ventimiglia kam pünktlich und als sie dort ausstiegen, konnten Ulla und Robert das Mittelmeer schon riechen. Auch sie fanden rasch ein Auto, das sie mitnahm, sie kurvten über sonnige Straßen hoch über dem azurblauen Meer, und schon der dritte Lift setzte sie direkt vor dem Casino ab. Es war elf Uhr. Sie fielen sich in die Arme, es hatte tatsächlich geklappt! Sie sahen sich um, aber weder Christof noch Romanus waren zu sehen. Sollten sie tatsächlich mehr Glück beim Trampen gehabt haben als er? Naja, eine Stunde war ja noch Zeit. Es wurde zwölf, es wurde eins, nichts. Kein Christof, kein Romanus. Gegen zwei Uhr sagte Robert zu Ulla:
„Du, irgendwie sieht mir dieses Casino ziemlich runtergekommen aus, ich hab das irgendwie prächtiger in Erinnerung. Dein Französisch ist doch viel besser als meins: Frag doch mal, wo wir hier sind."
Ulla nahm all ihren Mut zusammen, ging zu einem Taxi, das vor dem Casino stand, beugte sich zu dem Fahrer herunter und deutete auf das Casino. Der gestikulierte wild aus dem Fenster

hinaus, Ulla nickte nur kurz und lief rasch zu Robert zurück.
„Und?", fragte der.
„Ja, also", sagte Ulla gedehnt, „es ist so:" Sie machte eine Pause und in ihrem Gesicht stand eine seltsame Mischung aus Besorgnis und Belustigung.
„Nu sag schon!" Robert wurde ungeduldig.
„Nun, das ist tatsächlich das Casino hier, aber ..."
„Aber was?"
„Das ist das Casino von Menton und nicht von Monte Carlo!" Robert sackte ein Stück zusammen.
„Monte Carlo ist 12 Kilometer weiter da!" Ulla deutete Richtung Westen.

Genau dort hockte immer noch unser Freund Romanus an einen Parkbaum gelehnt, träumte wilde Träume von platzenden Boxermotoren, verlassenen Autobahnen und hinterlistigen Lastwagenfahrern. Plötzlich spürte er, wie jemand ihn an die Schulter fasste und schüttelte: „Romanus? Romanus! Was machst Du denn hier?" Er schlug die Augen auf, und es dauerte zwei Sekunden, bis sein Hirn die Informationen, die ihm seine Sinnesorgane lieferten, in Einklang gebracht hatte: Straßenlärm, das Plätschern der Springbrunnen, mediterrane Düfte, die Fassade des Casinos von Monte Carlo – und direkt davor ragte das kreisrunde, gut gelaunte und mit leicht rötlich geäderten Wangen versehene Gesicht von Frau Wiese ins Bild. Genauer gesagt: von Frau Hauptlehrerin Wiese. Sie war die Frau des Leiters der Nuttlarer Grundschule, Herrn Hauptlehrer Wiese, und wurde, obwohl sie selbst keine Lehrerin war, natürlich mit „Frau Hauptlehrerin" angesprochen. Sie teilte im Übrigen dieses standesverbessernde Privileg im Ort mit diversen „Frau Doktor"en und der „Frau Bürgermeister". Just heute war sie mit einer Rei-

segruppe des Frauenkreises der St.-Anna-Gemeinde in Monaco unterwegs. Romanus brauchte eine Weile, um sich zurechtzufinden. Wie jetzt, was macht die denn hier?
„Romanus? Alles klar?"
„Mensch, Frau Hauptlehrerin Wiese, das ist ja, also, äh, eine Überraschung!"
„Ja, Romanus. Was machst Du denn in Monaco?"
‚Jetzt sag nichts Falsches!' schoss es Romanus durch den Kopf. ‚Alles was Du jetzt hier von dir gibst, ist heute Abend Gesprächsstoff an den Nuttlarer Stammtischen.'
„Ich bin zum Klettern hier!", sagte er nach kurzem Zögern, „ich warte auf meinen Kumpel, der müsste jetzt gleich hier vorbeikommen ..."
„Aha." Der Frau Hauptlehrerin Blick bekam etwas Investigatives. Sie schaute an Romanus hinab und fixierte dann seine etwas trüben Augen:
„Geht es Dir gut, Romanus? Hast Du denn Geld?"
Romanus überlegte nur kurz:
„Klar, alles in Ordnung!", sagte er und versuchte ein halbwegs strahlendes Lächeln auf sein müdes Gesicht zu zaubern.
„Na dann ...", lächelte Frau Hauptlehrerin Wiese zurück und verabschiedete sich mit den besten Wünschen für schöne Klettertouren. Sie lief zur nächsten Telefonzelle und kabelte folgende Botschaft an die heimatlichen Kaffeekränzchen und Stammtische: Romanus Flock sitzt mutterseelenallein vor dem Casino in Monte Carlo, behauptet er warte auf seinen Kletterkumpel – und sieht nicht gut aus.

Weitere zwei Stunden später tauchten dann endlich Ulla und Robert vor dem Casino auf. Herzliche Umarmung und die ernüchternde Erkenntnis: Romanus hatte zwar unverhofften

Besuch einer Nuttlarer Delegation erhalten, was vermutlich für ungute Gerüchte in der Heimat sorgen würde, aber von Christof gab es kein Lebenszeichen. Kein Christof, kein Auto, kein Geld. Schließlich einigte man sich auf die Vermutung, sich irgendwie verpasst zu haben und vermutete, da man schon einmal beim Vermuten war, gleich weiter, dass Christof sich gewiss in La Turbie aufhalten würde, dort, wo das eigentliche Klettergebiet von Monaco zu finden war. Um vom Casino nach La Turbie zu gelangen, musste man eine steile, gewundene Straße bergan gehen, die durch ein Viertel führte, in dem die Villen der besseren monegassischen Gesellschaft standen. Die Straßenlaternen waren mittlerweile erloschen, es war stockdunkel, und sie tasteten sich an den Maschendrahtzäunen der Nobelgrundstücke entlang.

„Robert? Mir ist unheimlich …" Ulla griff nach der Hand ihres Freundes, der dicht hinter ihr ging.

„Grrr-wua-wua-wua-wua!!!"

Sie fuhren zusammen. Direkt neben ihnen klebte ein muskulöser Kampfhund flach am Maschendrahtzaun und machte ein Spektakel, das ihnen das Blut in den Adern zum Gerinnen brachte. Er war wie aus dem Nichts aufgetaucht und brüllte sich geifernd die Bestienseele aus dem Leib. Nun, liebe Leserin, lieber Leser, sicherlich wirst du an dieser Stelle des Textes nichts einzuwenden haben, wenn wir gemeinsam unseren Standort in einen kleinen Beobachtungshubschrauber verlegen und den Rest des Weges aus sicherer Distanz verfolgen. Eigentlich gibt es nur wenig zu sehen, dafür jedoch ein dramatisches akustisches Spektakel: Drei bebende Schatten auf einer stockfinsteren Straße und alle 200 Meter in schöner Regelmäßigkeit ein anderes, flach am Zaun klebendes, delirierendes Kampfhundungeheuer. Wir sollten unsere Abenteurer um die unmittelbare Nähe zu diesen Ereignissen wahrlich nicht beneiden, sondern rasch mit unserem virtuellen Helikopter nach La Turbie knattern, um sie dort wieder in Empfang zu nehmen.

Wo unsere drei Freunde zwar eine nette Kneipe mit einem noch netteren Wirt fanden, der ihnen trotz ihrer nicht verschwiegenen Mittellosigkeit zu essen, zu trinken und Hanfprodukte zu inhalieren gab und sie zu guter Letzt auch noch für die Nacht beherbergte. Aber eins fanden sie weder an diesem Abend noch am nächsten Morgen, als sie die Höhlen am Wandfuß des Klettergebiets absuchten: Christof und Martina. Sie waren irgendwo, nur nicht in Monaco. Es wurde knapp. Ich hatte ja eingangs schon die Abwesenheit von Mobiltelefonen als ein für diese Geschichte wesentliches dramaturgisches Element beschrieben und möchte nun ergänzen, dass unsere drei Tapferen auch nicht im Besitz einer EC- geschweige denn Kreditkarte waren. Sie hatten wirklich kein Geld und nur diese eine Chance, jenen peinlichen Umstand zu beheben: Sie mussten Christof finden. Also bezog man wieder Stellung vor dem Casino, schließlich war man dort ja verabredet gewesen. Doch auch das geduldigste Warten zeitigte keinen Erfolg, Christof kam nicht. Irgendwer kam dann auf die Idee, bei Christofs Mutter daheim im sauerländischen Schmallenberg anzurufen. Immerhin wäre es ja möglich gewesen, dass er sich zwischenzeitlich dort gemeldet hatte und vielleicht auch etwas über seinen Verbleib hatte verlauten lassen. Sie quetschten sich zu dritt in eine Telefonzelle.
„Hallo Frau Loerwald, hier ist Romanus Flock. Sagen Sie, hat sich Christof mal bei Ihnen gemeldet? Und hat er vielleicht auch gesagt, wo er jetzt ist?"
„Ja, ssicher, Christof hat ma angerufen, er hat chesacht, er is jetz in Cassis!"

Romanus ließ den Hörer sinken, hielt die Sprechmuschel zu und raunte den beiden anderen zu:
„Er ist in Cassis ..."
Robert verdrehte die Augen: „Das kann doch nicht wahr sein", stöhnte er.
Romanus bedankte sich für die Auskunft, verabschiedete sich von Frau Loerwald, und sie zwängten sich durch die Tür ins Freie.
Eine neue Lage: Cassis. Ok, das war ja nun nicht so ganz präzise. Sie wussten zwar, dass das irgendwo in der Nähe von Marseille lag, hatten aber keine Ahnung, wo dort das Klettergebiet und damit ein potentieller Treffpunkt mit ihrem Freund sein konnte. Na prima. Und Cassis lag exakt am anderen Ende der Côte d'Azur, gut 200 Kilometer entfernt.
„Wir müssen erstmal irgendwie nach Marseille kommen. Von da aus findet man das dann ungefähr. Dann gucken wir einfach, wo die Felsen sind, und da ist dann Christof."
Romanus' Plan war umwerfend naiv, aber der einzige, den zu entwickeln sie in der Lage waren. Gleichzeitig wurde ihnen natürlich auch bewusst, dass sie dann ungefähr 400 Kilometer von dem entfernt waren, was sie zum Klettern am nötigsten brauchten, nämlich ihren Rucksäcken, die ja noch im vor sich hinwesenden Käfer irgendwo in den Piemonteser Bergen schlummerten. Aber egal. Es war, ich wiederhole mich, ihre einzige Chance.

Doch bevor sie sich darüber Gedanken machten, wie die vor ihnen liegende Strecke zu bewältigen sei, stand fest: Wir müssen an Geld kommen, egal wie. Sie saßen auf dem Rasen vor dem Casino und zermarterten sich die Köpfe. Plötzlich schnipste Ulla mit den Fingern:

„Als ich zum Schüleraustausch in Belgien war, hat mir mein Papa mal Geld per Postanweisung geschickt!"

„Hä? Postanweisung?" Romanus rümpfte die Nase. „Was is das denn?"

„Das ist eigentlich einfach: Jemand zahlt irgendwo in einer Postfiliale Bargeld ein, und die telegrafieren das dann irgendwie ... weiß auch nicht so genau, wie das geht. Auf jeden Fall kann man das dann an einer anderen Postfiliale in bar abholen. Bei mir hat's geklappt." Sie blickte triumphierend in die Gesichter der Flockbrüder, doch deren Begeisterung schien sich in Grenzen zu halten.

„Wie solln das gehen?", fragte Romanus. „Kennst du wen, der für uns auch nur einen Pfennig irgendwo einzahlen würde?" Er blickte düster auf die durchgewetzten Kappen seiner Turnschuhe. Robert schwieg eine Weile, dann stand er plötzlich ruckartig auf und sagte:

„Ich hab eine Idee." Sie blickten auf.

„Was hast du vor?"

„Lasst mich mal machen." Er sprang über das kleine schmiedeeiserne Gitter, das die Parkanlage begrenzte und rannte über die Straße. Romanus lief hinterher und erreichte ihn vor der Telefonzelle.

„Vielleicht sagst du mal, was du vorhast?", fragte Romanus außer Atem.

„Ich versuch das mit der Postanweisung."

„Und wer soll da was einzahlen?"

„Lass mal, ich hab da ne Idee." Robert schien zu wissen, was er wollte.

„Und wie lang dauert das, bis die Kohle da ist?" Romanus ließ nicht locker.

„Keine Ahnung. Vielleicht acht, vielleicht zwölf, vielleicht auch

vierundzwanzig Stunden ..." Robert zuckte mit den Schultern.
„Das ist doch Mist. Bis dahin geht uns Christof womöglich auch in Cassis wieder durch die Lappen. Pass mal auf: Du organisierst die Kohle, und Ulla und ich trampen nach Cassis und suchen Christof, ok?"
„Ok." Robert nickte.
„Doch vorher holen wir uns was zu essen und zu trinken. Ich komm um vor Hunger."
Sie gingen in einen Supermarkt und kauften sich von ihren allerletzten Geldstücken ein Baguette, ein Stück Käse und eine Flasche Rotwein.
„Wenn wir hier schon krepieren, dann wenigstens landestypisch!", sagte Romanus trotzig. Sie saßen schweigend auf einer Parkbank, brachen sich Stücke vom Baguette ab, kauten stumm ihr Essen und reichten sich die Rotweinflasche. Dann verabschiedeten sich Romanus und Ulla, und Robert ging zurück zur Telefonzelle.

Ab hier also wieder zwei Erzählstränge. Wir bleiben zunächst vor Ort: Robert ließ die Münzen in den Schacht kullern und wählte die Nummer der Sparkassenzweigstelle in Nuttlar, in der der Zweigstellenleiter Robert Kersting alias „Millionen-Robbert" gerade seine Plastik-Butterbrotdose in die Aktentasche schob und sich auf den sicherlich wohlverdienten Feierabend vorbereitete. Missmutig nahm er zur Kenntnis, dass das Telefon schellte.
„Die Sparkasse in Nuttlar, Kersting?"
„Hallo, Robbert, hier is Robert Flock. Pass mal auf, ich mach's kurz: Ich bin jetzt hier in Monte Carlo, und ich brauche Geld. Ich weiß, es sieht schlecht aus auf meinem Konto, aber es ist ein Notfall. Ich sitz jetzt hier und hab nix mehr. Wie könnwer

das denn machen? Ich mein: Gibste mir denn überhaupt noch was?"
„Ja, nee, also ..." Millionen-Robbert schien nur mäßig begeistert.
„Das is ne echte Notsituation hier."
„Wieviel brauchste denn?"
„Na, damit wir hier weiterkommen, sagen wir mal: tausend Mark!"
„Nee, weißte ..."
„Mensch Robbert, lass mich jetzt nich hängen. Ich bin echt in ner Scheiß-Lage hier."
Robert musste sehr erbärmlich geklungen haben, denn Millionen-Robberts Herz begann zu schmelzen:
„Und wie soll das gehn?"
„Pass auf: Ich ruf jetzt bei meinem Kumpel Wolfgang in der ‚Zeche Elend' an, der kommt zu dir rüber, dem gibste die tausend Mark, der zahlt die dann bei der Post ein, Postanweisung, verstehste? Und dann kann ich das hier abheben."
Was soll man sagen: Der Sparkassenzweigstellenleiter Robert Kersting vergaß sich und seine Dienstvorschriften, drückte wenig später dem Co-Kneipenbesitzer Wolfgang gegen eine unleserliche Kritzelunterschrift auf einem Auszahlungsbeleg eintausend Deutsche Mark in die Hand, der rannte die dreißig Meter hinüber zur Post, die auch gerade Feierabend machte und transferierte das Geld via Postanweisung an das Hauptpostamt Monte Carlo, wo es der überglückliche Robert bereits drei Stunden später in Empfang nehmen konnte. Sie waren gerettet!

Bevor wir uns nun dem zweiten Erzählstrang zuwenden, nämlich Romanus' und Ullas Versuch, nach Cassis zu trampen, sei hier der Vollständigkeit halber eingeschoben, dass Millionen-Robbert beim abendlichen Stammtisch in der „Kaiserquelle"

nicht mit den Neuigkeiten aus dem südfranzösischen Krisengebiet hinterm Berg halten konnte: Die Flock-Brüder und ihre Ulla waren in Schwierigkeiten. Monte Carlo, kein Geld, Notsituation!
„Ssie ssolln wohl Spielschulden ham!"
„Sso jung, und schon am Ende!"
„Die Kneipe is doch auch en totcheborenes Kind!"
„Und die Chrünen ham sse auch chewählt."
„Sach ich doch, die Chrünen-Spinner können alle nich mit Cheld umchehn!"

Ulla und Romanus saßen mittlerweile in einem türkisfarbenen R4, kurvten über aussichtsreiche Küstenstraßen und hatten viel Spaß mit dem Fahrer. Genauer gesagt war es Ulla, die Spaß hatte, denn sie konnte sich mit ihrem Schulfranzösisch leidlich mit ihm verständigen, Romanus hingegen verstand kein Wort. Irgendwann war Ulla mit der bedrückenden Tatsache herausgerückt, dass sie außer dem, was sie am Leib trugen und einer drittel Flasche französischen Landweins nichts Weiteres an irdischen Gütern ihr Eigen nannten. Daraufhin erzählte ihnen ihr Chauffeur, in Frankreich gäbe es ein Gesetz, wonach jeder, der auf Reisen unverschuldet in Not geraten sei, sich von der Polizei eine Bescheinigung ausstellen lassen könne, mithilfe derer er kostenlos mit der SNCF zum Zielort reisen könne. Ulla übersetzte es Romanus, der es nicht glauben wollte:
„Du, da frag aber noch mal nach, ob das wohl so stimmen kann."
Der freundliche Franzose bestätigte es abermals, Ulla übersetzte es ihrem ungläubig staunenden Freund, ja, dem sei wohl tatsächlich so, und also baten sie ihn, sie zur nächsten erreichbaren Polizeidienststelle zu fahren, was er auch tat.

Der Polizist schob seine Mütze ins Genick und grüßte die beiden Ankömmlinge mit einem freundlichen „Salut!" Ulla fasste sich ein Herz und begann in ihrem Bröckchen-Französisch eine ziemlich abenteuerliche Geschichte zu erzählen:
„Ja, also, wir sind am Bahnhof beraubt worden! Waren am Telefonieren, die Rucksäcke standen da, und plötzlich waren sie weg! Alles drin, kein Geld, und wir müssen nach Marseille!"
Der Polizist hörte aufmerksam zu und nickte freundlich, aber fühlte sich offenbar nicht genötigt, die aus Ullas Bericht aufgenommenen Informationen in behördliches Handeln einmünden zu lassen.
„Et alors? Ja, und?", fragte er und zog die Brauen hoch.
„Du musst ihm sagen, dass er jetzt das Ticket ausstellen soll!", raunte Romanus Ulla zu. In diesem Moment betrat die Freundin des Polizisten die Dienststelle. Ulla und sie verstanden sich auf Anhieb prächtig, Ullas Französisch klang gleich viel flüssiger, sie unterhielten sich munter plaudernd, und Ulla log ihr noch einmal ihre Geschichte vor. Daraufhin wandte sich die Französin an ihren Freund und bedeutete ihm gestenreich etwas, was Ulla nicht verstand, jener zückte jedoch daraufhin einen Briefbogen aus der Schublade seines Schreibtisches, kritzelte zwei Sätze darauf, faltete ihn zusammen und überreichte ihn Ulla mit einem aufmunternden „Voilà!" Das war's, es hatte geklappt.

Mit der Lizenz zum Reisen in der Hand stürmten die beiden daraufhin zum Bahnhof, bestiegen den nächsten Zug nach Marseille, führten die Rotweinreste ihrer Bestimmung zu und warteten gespannt auf den Moment, in dem das polizeiliche Dokument seinen Qualitätsbeweis anzutreten hatte. Der Schaffner kam, und Ulla reichte ihm mit einem erklärenden Satz das

Dokument. Er studierte es gründlich und verwandte darauf zu ihrer Beunruhigung deutlich mehr Zeit, als man ihm für das Lesen und Verstehen von zwei französischen Hauptsätzen zuzubilligen bereit gewesen wäre. Dann faltete er das Blatt wieder zusammen und reichte es ihnen mit dieser überheblichen Geste zurück, mit der einem auch DDR-Grenzer den Reispass nach der Kontrolle zurückgaben: einer wegwerfenden Rückhandbewegung, das Dokument zwischen Zeige- und Mittelfinger eingeklemmt.
„Ok!", sagte er knapp. Ulla und Romanus sahen sich ungläubig an. Wahnsinn, es hatte tatsächlich funktioniert!

Es war mitten in der Nacht, als sie am Marseiller Hauptbahnhof ankamen, und wir sollten sie um das Folgende nicht beneiden: Sie hatten sich vorgenommen, hinunter zum Hafen zu laufen, weil sie dort die besten Möglichkeiten vermuteten, nach Cassis weiterzutrampen. Das bedeutete, dass sie mutterseelenallein ein ziemlich finsteres Arrondissement zu durchqueren hatten, das sicherlich unseren düstersten Vorstellungen von einem unheimlichen Hafenbezirk gerecht geworden wäre. Ihre Herzen klopften laut, doch sie trösteten sich mit der nur zu wahren Feststellung, dass man ihnen eigentlich nichts mehr stehlen konnte. Am Hafen erwischten sie ein Auto nach Cassis, wo sie am frühen Morgen eintrafen. Sie beschlossen, zum Strand zu gehen und dort nach Kletterfelsen zu suchen. Christof würde da sein, dessen waren sie sich sicher. Auf der Avenue Victor Hugo quietschten plötzlich Bremsen neben ihnen:
„Romanus, Ulla, was macht ihr denn hier?!"
Christof und Martina sprangen aus ihrem Escort. Sie waren vollkommen perplex, da sie Romanus naturgemäß daheim im sicheren Nuttlar bei seiner Sabine wähnten.

Wen man sich klar macht, dass das das heile Auto war, kann man sich ungefähr vorstellen, wie das kaputte ausgesehen haben muss.

„Das ist ne lange Geschichte …", sagte Romanus, und auf dem Weg zum Meer wurde sie erzählt. Sie machten es sich an einem Strand gemütlich und beschlossen, dort auf Robert zu warten. Nach einer Weile übermannte sie dann doch die Müdigkeit und das stete Rauschen der Wellen ließ sie in tiefen Schlummer gleiten. Sie hatten gar nicht gemerkt, dass sie am Rande eines FKK-Strandes lagerten.

Währenddessen war unser frischgebackener Tausend-Mark-Mann zum Bahnhof nach Monte Carlo geeilt und hatte sich dort ein Ticket gekauft. Die Fahrt dauerte die ganze Nacht, und am frühen Morgen stand er auf dem Bahnsteig von Cassis. Ohne voneinander zu wissen waren sie also fast zeitgleich am Zielort eingetroffen. Der Bahnhof lag drei Kilometer außerhalb des Ortes, hundemüde schlurfte Robert die Straße hinunter in die Stadt. Er wollte zum Strand, da er dort Felsen und somit auch seine Freunde vermutete. Er schritt die Küstenlinie für mehrere Kilometer ab. Strände, Felsen, ja, aber keine Spur von Ulla, Romanus und den anderen. Irgendwann beschloss auch er, sich auszuruhen, kuschelte sich in eine geschützte Sandkuhle am Strand, zog sich seine blaue Daunenjacke über die Ohren und nickte ein.

Als Ulla und Romanus erwachten, sahen sie zunächst, dass sich der Strand zu ihren Füßen gefüllt hatte und gewahrten nahezu gleichzeitig, dass die Badegäste ausnahmslos unbekleidet waren. „Oh, Mann, wir sind an nem FKK-Strand gelandet", bemerkte Romanus. „Lass uns mal abhauen, sonst denken die noch, wir sind Spanner." Er wollte gerade aufstehen, als Ulla ihn am Arm festhielt: „Warte mal …", sagte sie schnell.
„Was ist?"

„Guck mal, da!" Sie deutete auf einen Punkt in der Ferne, der sich entlang der Wasserlinie auf sie zu bewegte. Es war ein blauer Punkt. Als er näher kam, bemerkten sie, dass es ein Mann in einer blauen Jacke war, einer blauen Daunenjacke. Es war Robert! Er trottete gesenkten Hauptes und in seine Jacke vergraben am Strand entlang. Dort, wo er vorbeiging, richteten sich nach und nach die Nackten auf und starrten dem deplaziertesten Nacktstrandbesucher, den sie jemals gesehen hatten, hinterher. Ulla sprang auf, rannte ihm entgegen, und sie fielen sich lachend in die Arme.

Nachdem auch Roberts Geschichte erzählt war, beschlossen sie, so rasch wie möglich in den Besitz ihrer Kletterklamotten zu kommen. Außerdem war ja noch der Käfer zu verschrotten, der ja hoffentlich noch da in diesem piemontesischen Bergdorf stand. Romanus und Christof wollten das übernehmen, die anderen drei würden in Cassis auf sie warten. Christof hatte den Ruf, ein besonders ambitionierter Autofahrer zu sein. Bereits mehrfach hatte er am berühmten Nuttlarer Bergrennen teilgenommen, und es erfüllte ihn mit Stolz, niemals letzter geworden zu sein. Entsprechend sportlich ging's dann also wieder Richtung Osten, die Schottersteine der unbefestigten Bergstraßenbankette spritzen nur so durch die gute provençalische Luft, wenn der Escort durch die Kurven driftete. Romanus wurde auf dem Beifahrersitz hin- und hergeschleudert wie ein Co-Pilot bei der Rallye Monte Carlo und hatte alle Mühe, sich auf der zerknitterten Landkarte zu orientieren.
„Pass mal auf!", brüllte er gegen das Jaulen des Escortmotors an, der von Christof gerade aus einer lang gezogenen Kurve heraus im zweiten Gang auf Höchsttouren beschleunigt wurde. „Von Nizza aus gibt's da so ne kleine Passstraße nach Norden!" Er

hielt Christof die wild wackelnde Straßenkarte unter die Nase und deutete auf die dünne gelbe Serpentinenlinie. „Wenn wir die fahren, kommen wir ziemlich genau bei dem Dorf raus, wo der Käfer ist."
Christof nickte nur kurz und als sie die Côte d'Azur hinter sich ließen und die wildgekurvte Straße in die Berge bretterten, machte Romanus den Sitz flach.
„Ich penn nochn bisschen", sagte er lakonisch und war weg.

Es ist sicherlich keine Übertreibung, die Art und Weise, wie er geweckt wurde, als unsanft zu bezeichnen. Es gab einen brutalen Ruck, ein hässliches Knirschen, und Christof schrie, während er mit beiden Fäusten auf das Lenkrad trommelte:
„So ne Scheiße, so ne gottverdammte Scheiße, das is überhaupt keine Passstraße hier!!"
Romanus war, wen wundert's, schlagartig hellwach und richtete sich auf. Der Escort klemmte in der engen Gasse eines Bergdorfes zwischen zwei Häusern, die Außenspiegel waren abgebrochen und die Hauswände nahmen das Auto wie ein Schraubstock in die Zange.
„Scheiße, Scheiße, Scheiße!!" Christof war kaum zu beruhigen. Er knallte den Rückwärtsgang rein, der Motor heulte auf, er ließ die Kupplung ruckartig kommen und der Escort entzog sich, abermals unschöne Kratz- und Schleifgeräusche abgebend, aus der häuslichen Umklammerung. Es gab keine Möglichkeit zu wenden, so dass sie die komplette Dorfgasse rückwärts fahren mussten, wobei die vor jedem Haus befindlichen Eingangsstufen ebenfalls für unschöne Hoppel-Effekte verantwortlich zeichneten. Sie rasten die Bergstraße nach Nizza zurück und orientierten sich von da an ausschließlich an den großen grünen Schildern Richtung Turin.

Als sie bei der Werkstatt vorfuhren, stand der Käfer noch an der gleichen Stelle, an der sie ihn zurückgelassen hatten. Romanus überkam bei seinem Anblick ein geradezu zärtlich-trauerndes Gefühl. Es kam ihm vor, als seien Wochen vergangen, seit sie hier mit ihren Daunenjacken ins Abenteuer aufgebrochen waren, dabei war das gerade mal 85 Stunden her. Sie luden die Kletterklamotten und das Bier um, und dann hieß es endgültig Abschied nehmen. Abschied nehmen, das wusste Romanus nur zu gut aus dem Sauerland, hieß, Geld für die Verschrottung zu zahlen. Stimmt, das kam ja auch noch. Also gingen sie zum Chef und versuchten ihm in einer Mischung aus Kauderwelsch und Gebärdensprache klar zu machen, dass der Käfer nun ihm gehöre. Tja, und wie man denn da nun auseinander käme. Der Kfz-Experte griff ohne ein Wort in die Hosentasche, holte ein schmutziges Bündel Geldscheine heraus, blätterte es in dieser unnachahmlichen südländischen Art durch und zückte schließlich zehn Tausend-Lire Scheine, die er Romanus mit einem Kopfnicken überreichte.

„Per me? Für mich?", fragte Romanus ungläubig.

„Si, si!", bestätigte sein Gegenüber und fügte noch etwas hinzu, das ihnen, hätten sie es verstanden, klar gemacht hätte, dass er für diesen Schrotthaufen nicht bereit war, mehr zu geben und sie sich jetzt besser vom Acker machen sollten. Christof schraubte noch die Nummernschilder ab und sie fuhren zurück nach Cassis.

Die verbliebenen zehn Tage Kletterurlaub an den Gestaden des Mittelmeeres kamen übrigens unseren vier Freunden in Anbetracht der bei der Anreise durchstandenen Abenteuer, so versicherten sie mir zumindest glaubhaft, reichlich banal vor. Dass sich heute keiner der Beteiligten mehr daran erinnern kann, warum Christof eigentlich die Verabredung „12 Uhr, Monaco, vor dem Casino" nicht eingehalten hatte, sei dem beängstigend rasch fortschreitenden, vermutlich jedoch altersbedingten Gedächtnisschwund unserer Hauptdarsteller geschuldet. Und da wollen wir mal nicht so sein.

Das musste alles mit.

Die drei Feinde

Zack! Aua! Scheiße! Ein zurückschlagender Ast peitschte mir in die Fresse und schnipste mir die Brille von der Nase, im letzten Moment fing ich sie auf. Gleichzeitig kippte der bemooste Wackelblock unter meinen Füßen und ich knallte mit dem Schienbein an seinen scharfkantigen Nachbarn. Blut lief mir am Bein herunter und vermischte sich mit Schweiß und Dreck. Bei der Brillenrettung hatte ich auch noch mit meinen Dreckfingern aufs Glas gegrapscht, ein Fettfleck prangte genau in der Mitte des rechten Glases. Aahh, ich hasse Fettflecken auf der Brille! Die darauf folgenden Flüche setzten sich aus an sich nicht akzeptablen Schimpfwörtern zusammen, die, hätte ich sie bei einer dieser Vormittagspöbeltalkshows im Privatfernsehen ausgestoßen, sicherlich weggepiepst worden wären.
„Hans, das ist Kacke hier!", brüllte ich nach oben, dort wo derjenige, dem wir diesen vermeintlichen Direktzustieg zu unserem heutigen Tagesziel zu verdanken hatten, sich wie einst der Tasmanische Teufel bei Bugs Bunny durch die schier undurchdringliche norwegische Steilst-Macchia fräste. Es klang, als bräche sich einer jener stolzen Elche, die angeblich die norwegische Wildnis bevölkern, majestätisch seine Bahn durchs Unterholz, das ihm außer knackenden und berstenden Geräuschen nichts entgegenzusetzen hatte. Meine holde Gattin, die durch unüberlegtes Packen blöderweise den schwersten Rucksack von uns erwischt hatte, wimmerte leise hinter mir. „Das ist ein Mist-Zustieg", zischte sie durch ihre zusammengepressten Zähne, und ich bewunderte sie für diese vornehm-zurückhaltende Ausdrucksweise.

Eigentlich hatten Beata und ich vor ein paar Tagen einen ganz passablen Zustieg zur „Monsterwand" gefunden, doch der stimmte nicht mit Hans' Erinnerungen überein und wurde verworfen – und wer war ich, dass ich gegen eine Entscheidung des Setesdal-Hausmeisters zu opponieren gewagt hätte? Aber Hans' Gedächtnis hatte ihn getrogen, und das rächte sich jetzt: Völlig außer Atem, patschnass geschwitzt, mit zerschundenen Beinen, die aussahen wie nach einer rituellen Auspeitschung und an sich kapitulationsbereit standen wir schließlich am Einstieg unseres Projekts und warfen japsend die tonnenschweren Säcke in die Blaubeeren. Entwürdigend, diese Buckelei: Bohrmaschine, drei Ersatzakkus, vier frische Bohrmeißel, Kletterhammer, Schraubenschlüssel, 50 Bolts, 16 Standringe, dazu der normale Kletterkram, zwei Seile, fünf Liter Wasser, vier belegte Brötchen, eine Dose Beata-Nüsschenmischung, Kameras, Regenjacke, Kletterschuhe, Abseilsandalen, wirklich ein Haufen Zeugs, den wir da hochgebuckelt hatten – und jetzt sollte es ja eigentlich erst richtig losgehen. Hans machte irgendeine blöde Bemerkung, etwa in der Art, dass Erstbegehen kein Zuckerschlecken sei oder so, die wir aber nur mit einem matten Grinsen quittierten. Hoffentlich haben wir hier nicht den ganzen Tag über dieses Hausmeister-Novizen-Gefälle, dachte ich noch. Zur Strafe musste Hans aber alsbald feststellen, dass er „Stöcker in der Unterhose" hätte und sich nicht erklären könne, wie sie dort hingelangt sein könnten. Ich hatte eine Idee, behielt sie aber für mich.

Wir standen etwa 20 Meter rechts vom Einstieg des „Breitmachers", der ersten und bislang einzigen Linie durch die „Monsterwand" im Setesdal, durch die wir heute den Beginn eines neuen Weges legen wollen. Insgesamt rechneten wir mit mindestens zwölf Seillängen, heute wollten wir schon so hoch wie möglich kommen, so weit wie man mit vier Akkus eben kommt. Schließlich war alles sortiert, die Lasten verteilt, Hans rannte die ersten 60 Meter hoch und bohrte einen Standring. Er holte uns nach, und dann wurde ich vom Meister persönlich konfirmiert, ich musste unter seinen gestrengen Blicken den zweiten Standring bohren: mit dem Akkubohrhammer und einem 10er Bohrer ein Loch bis fast zum Anschlag in den Granit donnern (Drrr!), mit einem kleinen Kunststoffschlauch den Staub aus dem Loch pusten (Hust!), dann den Schwerlastdübel samt aufgeschraubter Ringlasche mit dem Hammer ins Loch dreschen (Peng!), die Mutter mit dem 17er-Ringschlüssel anknallen (Hargh!) – fertig! Der Ring saß wie eine Eins, Hans hob den Daumen, ich hatte offenbar bestanden. „Willst du jetzt weiter vorsteigen?", fragte er mich, und es klang ein bisschen wie „Willst du jetzt weiter vorsteigen, mein Sohn?"

„Ja, ich will", antwortete ich mit kaum unterdrückter Feierlichkeit in der Stimme und bekam quasi als Konfirmationsurkunde das komplette Vorsteiger-Equipment umgehängt. Zuerst wurde mir die dreiteilige Bohrtasche um die Mitte geschnallt, Vortasche mit Ersatzbohrern, Haupttasche mit Zwischenhaken, Innentasche mit Standringen. Uff – ganz schön mächtig das Teil, obwohl natürlich längst nicht alle Haken drin waren. Dann das Werkzeugset, bestehend aus einer um die Schulter zu tragenden Rundschlinge, daran baumelte, jeweils mit Hammerschnürchen gegen Fluchtversuche gesichert, der staubige Plastikblasschlauch zum Ausblasen des Bohrlochs, der Ringschlüssel und der Hammer. Natürlich verhedderte sich alles schon beim Umhängen, na, das kann ja was werden! Und last not least der Bohrtornister nebst Bosch-Bohrhammer: Hans hatte das Tragegestell eines Billigrucksacks trickreich mit einer alten, aufgeschnittenen Motorölflasche kombiniert, die ziemlich hoch auf dem Rücken getragen wurde. Aus ihr fischte man mit fast ausgekugeltem Schultergelenk das Werkzeug heraus, verrichtete die Arbeit, um sich dann nach getaner Tat (das wusste ich aus Erzählungen) mit dem rotglühend heißen Bohrer entweder das Shirt zu lochen oder den Hals zu verschmoren, weil man natürlich rücklings stochernd häufig die Öffnung verfehlte. Oder ... aber das konnte ich zu diesem Zeitpunkt noch nicht wissen, weil es erst später passieren sollte.

Nun stand ich also da wie Bob der Baumeister mit meinem zwickenden Tornister auf dem Rücken, der schweren Bohrtasche um den Wanst und dem ganzen Hammerschnurgewirr um mich herum und hatte die Aufgabe, Neuland zu erschließen. Der ganze unbequeme Ballast, den ich zu schleppen hatte, nervte mich jetzt schon, und ich kam mir vor wie ein Soldat, der, bepackt mit seiner kompletten Kampfausrüstung, in Richtung der feindlichen Linien vorzurücken hat. Und Hauptmann Hans gab unversehens den Einsatzbefehl: Tatah, tatah, tata-tat-tata-tatah – Attacke! Der Erschließungssoldat Peter marschierte gehorsam los – und der Feind wartete schon auf ihn. Genauer gesagt drei Feinde: Schwerkraft, Schwäche und Blödheit. Man wird davon lesen.

In den leichten Seillängen bohrte ich meist nur einen Zwischenhaken und am Stand nur einen Ring, den Rest wollten wir beim Abseilen erledigen. Hans band ein kleines Bündel Haken an jeden Stand, so wurden die Transporttrucksäcke des Nachschubtrupps von Länge zu Länge leichter. Das freute Beata und Hans, mir indes half es wenig. Zwischendurch hieß es bereits zum ersten Mal Bohrer wechseln, das gute Stück hatte am Vortag bereits 15 Löcher ins Løefjell gemacht und war breit wie ein

Biberschwanz. Doch ich hatte ja genug Ersatz in der Bohrtasche, kein Problem. Am Ende der fünften Seillänge ging dann der erste Akku in die Knie. Ich war gerade dabei, den Standring zu bohren, als das Geräusch des Bohrhammers diesen nörgelndschwächelnden Unterton bekam, der das baldige Dahinscheiden der Nickel-Cadmium-befeuerten Speicherzelle ankündigte. Hans hatte mich gewarnt: Die Akkus hätten, obwohl gleich alt und gleicher Bauart, ganz eigene, zum Teil ziemlich hinterhältige, auf jeden Fall aber geradezu menschliche Charaktere. Er hatte ihnen deshalb Namen gegeben und diese auf kleine Tapestreifen an der Unterseite vermerkt. Ich schaute nach, welcher der Gesellen jetzt gerade dabei war, seinen Dienst zu quittieren – aha „Der Schlechte", kein Wunder! Natürlich hatte ich keinen Ersatzakku dabei, sie lungerten im Rucksack am Stand 60 Meter unter mir herum. Das Loch für den Standring war erst zwei Zentimeter tief und somit nicht zu gebrauchen. Ungefähr auf der Hälfte der Seillänge hatte ich einen Zwischenhaken gebohrt, ich konnte also keinen Ersatz am Seil hochziehen. Es half nichts, ich musste wieder 30 Meter bis zum Zwischenhaken abklettern, mich daran fixieren und von dort den frischen Energiespeicher hochziehen. Ich ließ die Maschine einfach im Loch stecken und mogelte mich die halbe Länge wieder zurück. Reibungskletterei geht übrigens hoch leichter als runter. Hans packte den Akku in eine der Reserve-Hakentaschen, und ich schleifte das Ding zu mir hoch. „Der Angeber" war's, ich war gespannt, was von ihm zu erwarten war. Als ich wieder zu meiner Bohrmaschine emporstieg, wurde mir klar, dass sie da direkt über meinem Kopf ungesichert in einem zwei Zentimeter tiefen Loch steckte. Ich malte mir aus, wie sich das wohl anhören würde, wenn irgendeiner der hinterlistigen Felstrolle, die hier oben zweifelsohne hausten, auf die Idee käme, sie aus dem Loch zu drücken und sie Funken sprühend auf mich zuschlidderte. Aber natürlich blieb alles ruhig. Na klar, Brunnert, es gibt keine Trolle!

Wieder am Felszerstäuber angekommen, wechselten „Der Schlechte" und „Der Angeber" ihren Arbeitsplatz. Beinah ließ ich noch vor lauter Hibbeligkeit den alten Akku fallen, na, das wäre ja was geworden! Bestenfalls: Ein Akku weniger und die gleiche Prozedur noch mal. Schlimmstenfalls: Fünf Mal mit dem vom Akku erschlagenen Nachsteiger, aus dessen Schädel ein Schild mit der Aufschrift „Der Schlechte" ragt, abseilen und dann den ganzen Papierkram mit der norwegischen Polizei erledigen. Puh, das war knapp!

„Der Angeber" machte seinem Namen alle Ehre und protzte derart mit Schlagpower und Highend-Drehzahlen, dass ich befürchtete, mit ihm binnen Kurzem die ganze Monsterwand in weißen Granitstaub zu verwandeln. Es ratterte und dröhnte wie auf einer U-Bahn-Baustelle, mein Bohrarm vibrierte wie wild, allein das Loch wurde nicht tiefer! Ich drückte etwas stärker, obwohl ich wusste, dass das bei einem Bohrhammer keinen tieferen Sinn ergibt – nichts! Das gibt's doch nicht, wieso geht das Scheißding nicht rein?
„Was ist los da oben!?" Hans wurde ungeduldig.
„Weiß nicht", rief ich zurück, „ich hab mir vermutlich das härteste Stück Norwegen zum Löchermachen ausgesucht!"
Ich ließ die Taste los und zog den Bohrer aus dem Loch. Der Meißel stank und glühte. Auch ein erneuter Versuch brachte keinen Erfolg. Eine unheilige Mischung aus Verzweiflung und Wut bemächtigte sich meiner. Ich schrie den Bohrer an:
„Du blödes Drecksding, mach das, wofür du bezahlt wirst: Löcher!"

Doch komischerweise war nicht das Drecksding, sondern der vermeintlich intelligenzbegabte Bediener am Abzug das Problem. Die Lösung nämlich, meine lieben Freunde, war einfach und deren Entdeckung derart peinlich, dass ich sie für mich behielt. Beim Auswechseln des Akkus musste ich gegen den Drehrichtungsschalter der Maschine gekommen sein und hatte ihn versehentlich und unbemerkt auf „linksläufig" gestellt. Selbst der stärkste aller Bohrtrolle wäre wohl an dieser Konfiguration gescheitert. Schnell schaltete ich um und warf dabei einen scheuen Blick hinunter zu meinen Gefährten, doch Beata und Hans relaxten am Stand, scherzten, aßen belegte Brötchen, tranken die Wasserflaschen leer und hatten nichts bemerkt. Puh, Gott sei Dank! Doch selbst mit der richtigen Laufrichtung dauerte es noch eine gefühlte Ewigkeit, bis das Loch endlich tief genug für den Dübel war. Durch die sinnlose Rummüllerei hatte ich den Bohrmeißel fast komplett abgenudelt, und auch der Angeber schien sich erneut an seinen Namen zu erinnern, der ja wohl bedeutet, dass man großspurigen Ankündigungen meist unadäquat kleinlaute Taten folgen lässt. Mit seinem letzten Funken trieb ich das Loch zur erforderlichen Länge, dann erlosch sein Leben wie eine Wunderkerze.

„Was war denn da jetzt los?", fragte Hans, als Beata und er schließlich bei mir ankamen.
„Keine Ahnung", entgegnete ich, „auf jeden Fall ist „Der Angeber" tot und der zweite Bohrmeißel hin…"
Ich fingerte einen neuen Meißel aus der Tasche und ließ ihn ins Bohrfutter klicken.
„Hm, mein Lieber", brummte Hans, „du hast 'nen ganz schönen Verschleiß!"
Ich schwieg betreten. Er kramte im Rucksack, reichte mir den

„Lahmarsch" und stopfte mir „Die Powersau" in die Reservetasche. Ich steckte den „Lahmarsch" an seinen Bestimmungsort und Hans sagte: „Der macht jetzt so vier, fünf Löcher. Stör dich nicht dran, dass er furchtbar langsam ist. Danach hast Du ja noch die „Powersau". Die wird's dann schon richten."

Das Gelände war jetzt merklich steiler geworden, wir näherten uns der Schlüssellänge. Ich schlich über eine ziemlich glatte Platte schräg links aufwärts, bohrte den obligatorischen Zwischenhaken und orientierte mich hin zum unteren Rand einer Steilstufe, an deren Beginn ich den Stand vor der Schlüssellänge bohren wollte. Ob die dann folgenden schwachen Strukturen für einen Durchstieg tatsächlich reichten, konnten wir noch nicht sehen. Doch so weit war ich auch noch nicht. Ich visierte eine Stelle an der Steilstufe an, die mir geeignet schien und kletterte vorsichtig los. Die Riemen des Tornisters schnitten in die Schultern und schnürten meine Brust ein, die Bohrtasche und der Reserveakku kniffen in mein Bauchfett, ständig latsche ich auf eine der Hammerschnüre, die sauber zu befestigen ich zu faul gewesen war, das fast ausgestiegene 60-Meter-Seil zerrte erbarmungslos am Gurt. Endlich erreichte ich die Steilstufe.
„Noch zwei Meter!" Hm, noch zwei Meter Seil, und da war dieses eine bequeme Band direkt über mir. Ich mantelte mich ächzend hoch und richtete mich mühsam auf. Dabei stieß ich mit dem Kopf an den Fels und war kurz davor, das Gleichgewicht zu verlieren, konnte mich aber gerade noch halten. Adrenalin überschwemmte mich wie eine Springflut.
„Pass auf, Brunnert!", zischte ich mich an. „Wenn du jetzt hier abgehst, wirst du von deinem eigenen Bohrer gespickt und von der Platte da unten geraspelt wie ein Bund Möhrchen von einer KitchenAid!"

Der Grund, warum ich mit dem Kopf angeschlagen war, befand sich direkt vor meiner Nase: Der Fels war plötzlich so steil, dass ich auf meinem vermeintlich bequemen Band gerade so stehen konnte und beim nun anstehenden Hantieren mit der Bohrmaschine ständig aufpassen musste, nicht nach hinten zu kippen und in die Küchenmaschine zu stürzen. Links war noch ein kleines Kriställchen, an dem ich mich halten konnte, damit ging's einigermaßen.

Hans hatte nicht übertrieben: „Der Lahmarsch" rührte appetitlos in seinem Granitloch herum, ich schwitzte und kippelte auf meinem Bändchen herum, mein rechter Arm krampfte, und ich versuchte verzweifelt, mit diesem Rentner von einem Bohrer das Loch für meinen Standring hinzubekommen. Kurz erwog ich, einfach den Akku zu wechseln, aber das erwies sich in meiner Position als unmöglich, ich hätte dazu beide Hände gebraucht. So orgelte ich weiter vor mich hin, vergewisserte mich zwischendurch mehrfach, ob der Bohrer auch rechts herum drehte und brauchte für das Loch eine halbe Stunde. Als schließlich der Karabiner meiner Standschlinge in den Ring klickte, war ich fix und fertig. Ich schaute mir die Spitze meines Bohrmeißels an: Dort wo an sich gehärtete Kanten für den Gesteinsabrieb zu sorgen hatten, war nichts als makkaronihafte Glätte. Wie? Schon wieder ein Bohrer platt? Das konnte doch gar nicht sein. War das hier oben als Granit getarnter V2A-Stahl? Verdammt! Ich zog den Bohrer aus dem Futter und schleuderte ihn wütend die Wand hinab.
„Hey, was machst du?!" Hans und Beata reagierten erschrocken auf das glitzernde Geschoss, das da sirrend an ihnen vorbeiflog.
„Sorry", log ich, „ist mir aus der Hand gefallen..."
Dann kramte ich in der Bohrtasche nach Ersatz. Dort blinkten

drei nagelneue Bohrspitzen. Drei? Moment, ich hatte vier neue eingepackt und zwei mal gewechselt, das bedeutete doch, dass eigentlich nur noch ... Oh nein! Tatsächlich: Beim letzten Wechsel musste ich für den abgenudelten Bohrer anstelle eines frischen einen ganz abgenudelten aufgesteckt haben. Ich Idiot! „Thor!", schrie ich stumm in den norwegischen Sommerhimmel, „wie viel Lehrgeld muss ich denn hier heute bezahlen an Deinem Scheiß-Berg?!"

Ich antwortete ausweichend auf Hans' Fragen, wieso das denn alles so lange dauern würde heute. Beata sah meinen besorgniserregenden Zustand, flößte mir Wasser ein und befahl, mir eine Handvoll aus ihrer Nüsschendose in den Mund zu stopfen. „Die Powersau" wurde umgehend in Dienst gestellt, und ich steckte einen der neuen Bohrer auf. Denn nun kam die Schlüsselstelle. Ein, zwei Reibungszüge hinauf, jetzt würdest du gerne was bohren, nicht wahr? Ging nicht, ich stand zu kippelig. Über mir war eine Granitwarze in Größe und Form einer Qualle, ich konnte sie schon mit einer Hand erreichen. Wenn ich darauf stehen würde, könnte ich bohren. Also behutsam hinauf geschlichen und wackelnd aufgerichtet. Naja, stehen konnte man dazu nicht sagen, balancieren wäre richtiger gewesen. Vorsichtig zog ich die Maschine aus dem Köcher, setzte sie an und begann zu bohren. Mit dem rechten Fuß auf der Quarzqualle, links auf Reibung zitternd und mit der linken Hand abgestützt meißelte ich schwitzend dieses kleine Loch in den Granit, und mein Körper verging dabei wie eine Kugel Vanilleeis auf einer Herdplatte. Die Füße schmerzten unsäglich, der Schweiß lief mir bächeweise in die Augen, der Bohrstaub verklebte meine Mundhöhle wie ein Esslöffel Weizenmehl, vor meinem geistigen Auge sah ich mich von der Qualle kippen und mit meinem ganzen Zeug in meine Sicherungsleute krachen. Endlich war das Loch tief genug und ich steckte den Bohrer zurück in den Köcher. Wollte ich zumindest. Ich steckte ihn aber daneben, er stürzte wie ein glühendes Bosch-Fallbeil an mir herunter und touchierte meine Wade mit seiner heißen Bohrspitze. Ich schrie auf, dann ruckte die Hammerschnur und riss mich fast aus der Balance. Blut lief an meinem brennenden Bein herunter. Schnell, schnell das Loch auspusten und den Dübel notdürftig hinein, Exe klinken und „zu!". Da hatte nicht viel gefehlt. Beata nahm mich straff rein, ich hängte mich ins Seil, und Hans machte dieses eine Foto, das sich auch heute noch vortrefflich zur Belustigung meiner Umgebung einsetzen lässt.

Die Schlüsselpassage gelang dann in Anbetracht meines Auslaugungsgrades überraschend leicht, und am nächsten Stand klatschten wir uns ab. Die Wiese war gemäht, wir hatten das Problem geknackt. Beim Abseilen übernahm dann Hans das Reste-Bohren, ich war ihm richtig dankbar. Vermutlich hatte ihn ein Blick in meine apathisch glotzenden Augen davon überzeugt, dass ich außer zum Abseilen und Biertrinken heute zu nichts mehr in der Lage sein würde. Vom Rest des Tages gibt es daher fast nur Erfreuliches zu berichten: Die Erleichterung, endlich wieder am Wandfuß zu stehen, das erfrischende Bad im eiskalten Bach, die sekundenschnelle Betäubung, die mir das erste Bier bei Hessel auf der Terrasse bescherte. Wie gesagt, fast nur Erfreuliches: Beim Ausräumen des Kofferraums nämlich schlug mir die Spitze des Kletterhammers mit wie berechnet scheinender Präzision exakt in die Wunde, die mir der glühende Bohrer geschlagen hatte. Und so wurde ich mit schmerzlicher Deutlichkeit daran erinnert, dass wir nicht in Norwegen waren, um Kur zu machen.

Ach so: Die verletzungsträchtige Bohrerköcherkonstruktion hat inzwischen ausgedient. Die Maschine baumelt jetzt wie eine 45er-Knarre mit glühend heißer Spitze direkt am Sitzgurt. Was zur Folge hat, dass man sich nicht mehr den Hals oder das Shirt verschmort, sondern sich schlecht verheilende Brandzeichen auf den Oberschenkel prägt.

Kletterurlaub in Norwegen ist Wellness für Körper und Seele.

*Irgendeiner dieser Franzosen, ich glaube es war
Lionel Terray, hat mal geschrieben, man solle sich dem Berg in
Demut nähern. Ich bin mir sicher,
dass er das so nicht gemeint hat.*

Was nervt

Dass ich nicht im Bundesverband Deutscher Berufsnörgler organisiert bin, können sich Zweifler gern von meinen Freunden bestätigen lassen. Selbst auf intensive Nachfragen hin wird man ihnen vermutlich nur entlocken können, dass ich, abgesehen von gelegentlich geäußertem Unmut über die epidemische Verbreitung der Rotbuche in den norddeutschen Klettergebieten, nicht ständig an allem herummeckere. Nein, ich bin kein notorischer Leserbriefschreiber, auch sah man mich noch nie mit zackiger Protestschrift bekritzelte Zettel in Boxen mit der Aufschrift „Ihre Meinung ist uns wichtig" werfen, ich beteilige mich nicht an wohlfeilem Spott über die Deutsche Bahn, und ich finde auch Lehrer nicht grundsätzlich doof, sondern nur die Witze, die in Kantinen über sie gemacht werden. Und nur einmal habe ich bei der Hotline eines Radiosenders angerufen, weil der Moderator mich mit „Mahlzeit!" begrüßte, dem, wie ich finde, dümmsten Gruß, den sich die Deutschen nach „Heil Hitler!" je ausgedacht haben. Aber insgesamt bin ich friedlich.

In scheinbarem Widerspruch zu meinem ansonsten friedfertigen Wesen steht der Umstand, dass ich mich beim Klettern doch hin und wieder aufrege. Mein Therapeut sagt, dass es nicht gut sei, wenn man das in sich hineinfräße, also lasse ich's hier mal raus. Natürlich nicht alles, sondern nur Dinge, die auf der Nervskala im Bereich „Weißglut" angesiedelt sind. Sonst füllte sich das Buch mit negativen Dingen, so dass es womöglich niemand mehr kaufte, mein Verleger schlecht über mich reden und zusehends verarmen würde. Und das möchte ich natürlich nicht. Also nur das Nötigste. Auf die unausweichliche Frage, ob ich das darf, antworte ich knapp: ja. Schließlich durfte ich 1974 die Kamel-Dachverschneidung noch mit Trittleitern klettern und wurde dafür von meiner Freundin als harter Bergsteiger bewundert. Schließlich habe ich Milan Sykora bei der Erstbegehung der „Anakonda" von unten in seine Malerhosenbeine geguckt. Und ich habe während des großen vaterländischen Hakenkrieges persönlich Bühler krummgekloppt. Ich reklamiere Hausrecht, Altersweisheit und Geschmacksmonopol und nehme es mir deshalb einfach mal heraus, ein paar ungewohnt strenge Sätzchen auf den Tisch zu knallen. Zwei längere und fünf kürzere.

Erstens: Klettern mit Dreckschuhen
Wenn ich eine Wohnung betrete, egal ob die eigene oder eine fremde, ziehe ich mir die Schuhe aus. Diese mittlerweile nicht nur in Japan übliche Form der Höflichkeit gehört, wie ich finde, in die Lehrpläne sämtlicher Kindergärten des Landes. Ist es doch einigermaßen eklig, die schleimigen Reste oraler Körperauswürfe weißbeschuhter Gelhaar-Lamas, Spuren von Hundeexkrementen, halbverdaute Fastfoodreste oder ähnlich degoutante Substanzen in die eigenen oder der Freunde vier Wände zu tragen. Allein die schreckliche Vorstellung, ich könnte mit meinem Schuhwerk derlei Würgereizverursachendes einschleppen, reicht schon für das reflexhafte Abstreifen des Schuhwerks an der Wohnungstüre.
Die Sauberkeit der von mir bekletterten Felsen liegt mir nun aber keineswegs weniger am Herzen als die hygienische Unversehrtheit meiner Wohnung. Wir sollten uns beim Umgang mit unseren Felsen einer ehrfurchtsvollen, demütigen Haltung

befleißigen und sie wie Heiligtümer behandeln, sie sind unsere Tempel, nicht unsere Bordelle! Schon zu Bollerschuhzeiten war das Mitführen einer Drahtbürste zur Schuhhygiene üblich und unter meinen Kletterkumpels sozialer Konsens. Mit ihr wurden mit schwungvoll-kreisenden Bewegungen der Zustiegsmatsch oder eingehärtete Waldbodenreste von der stolligen Vibramsohle gelöst, die dann bei Bedarf noch mit einem Lappen nachgetrocknet wurde. Zugegeben: Nicht nur aus Hygienegründen, sondern weil man sonst mangels Haftreibung ständig auf die Fresse flog. Als dann die ersten Reibungskletterschuhe auf den Markt kamen, wurde die Drahtbürste entbehrlich, der Lappen jedoch nicht, da man die Schuhe noch derart bequem trug, dass man sie zwischen den Routen nicht auszog (Ja, tatsächlich, damals taten Kletterschuhe nicht weh, man konnte sogar Wollsocken darin tragen...). Am Einstieg wurden die Patschen dann mit dem Lappen vorgereinigt, anschließend spuckte man in die Hände und rieb damit die Sohlen, kleine schwarze Würstchen in den Handinnenflächen produzierend, bis zur Blitzblankheit sauber. Die Avantgarde führten damals schon kleine Teppichreste oder ausrangierte Gästehandtücher mit, damit man mit dem gereinigten Schuhwerk nicht wieder in den Modder trat. Aus den Teppichresten ist bei mir mittlerweile ein Ikea-Teppich „Halsted" (100 x 70 cm) geworden, auf dem es sich auch bei garstigster Schlammbodenumgebung ganz entspannt sitzen und die Schuhe wechseln lässt. Ein in weiten Teilen der Republik nicht ganz unbekannter Kletterer läuft sogar mit einem ausrangierten einstrosafarbenen Badezimmerpuschelflor durch die sächsischen Wälder.

Es erfüllt mich mit einer Mischung aus Staunen und Besorgnis, wie oft den Teppichverwendern von kletternden Zeitgenossen

Erklärungen über den Verwendungszweck der mitgeführten Auslegeware abverlangt werden. Denn, bitteschön, man läuft doch nicht mit den Kletterschuhen durch den Waldmatsch und steigt dann gar mit diesen Dreckschuhen an den Fels! Immer mehr Kletterer tun das aber, und ich will gar nicht unterstellen, dass das ausnahmslos gewissenlose Drecksäue sind. Ich vermute mal, es kommt ihnen gar nicht in den Sinn, dass ihr Tun unrecht sein könnte, weil sie es vielleicht aus der Halle nicht gewohnt sind, sich die Schuhe zu reinigen und sie sich nicht vorstellen können, dass es draußen anders ist als in der Halle. Ist es aber doch! Sie tappen also mit den Kletterschuhen im Humus herum und schaben dann mit den Dreckfüßen die Einstiege zu, so dass diese aussehen, wie die Innenwand eines Kuhstalls knapp über dem Fußboden. Namentlich bei Schnupperkursen, über die noch gesondert zu sprechen sein wird, geschieht das noch nicht einmal mit Kletterschuhen, sondern mit irgendwelchen Jogginglatschen oder Wandertretern. Auch neulich wieder: Ein geduldiger, leidgeprüfter Ith-Dreier wurde von zahllosen Toprope-Schlammspendern wie von einem vielköpfigen Miststreu-Monster mit Dreck überzogen. Weil ich wusste, dass alles andere sinnlos sein würde, sprach ich gleich den Kursleiter an. Ob er sich vorstellen könne, dass nach ihnen eventuell noch weitere Kletterer diese Route machen wollten und womöglich keine Lust hätten, schneckengleich auf den Schnupperkursschleimspuren herumzukriechen. Er schob sich die Sonnenbrille ins Haar (übrigens eine Geste, die mir bei Männern stets eine Gänsehaut über den Rücken jagt!), schaute mich verständnislos an und zuckte mit den Schultern. Das ist es, was ich meine.

Zweitens: Toprope-Blockaden
Achtung, auch das ist draußen anders als in der Halle: Es ist eine

grobe, an Arroganz grenzende Unhöflichkeit, eine Route länger als für ein, zwei umgelenkte Nachstiege mit einem Toprope zu blockieren. Für die, die wissen, wie es bei uns im Ith zugeht, lasse ich exemplarisch als Ausnahme gelten: Hexenkanzel, Pilzsteinsockel, Raabe-Klippe – die dürft ihr haben. Aber Klettern lernt ihr so nie. Und wenn schon Toprope, dann schleift bitte eure eigenen Karabiner durch und nicht die Umlenkhaken!

Einschub: An dieser Stelle sei berichtet, dass ich Teile dieses Textes probehalber auf meiner Internetseite veröffentlicht habe. Ich erhielt daraufhin eine wohlmeinende Mail eines klugen Zeitgenossen, der mir riet, ich solle, anstatt mich aufzuregen, doch einfach versuchen, mit den Topropebesatzern ins Gespräch zu kommen und sie höflich um die Freigabe der Route zu bitten. Nun ja. Zunächst bedeutete dies ja wohl, den Störfall zum Normalfall zu erklären. Das läge in Deutschland zwar im Trend, man bezeichnet ja hierzulande auch nur zu gerne Geschwindigkeitsmessgeräte als „Radarfallen" und die per Gesetz geregelte Erhebung eines lächerlich geringen Bußgeldes als „Abzocke". Mittlerweile hat man, zum Beispiel beim Nichtraucherschutz, aber begriffen, dass nicht der ungestört leben Wollende zu bitten, sondern der Störer zu weichen hat. Ich plädiere daher für Topropezonen in unseren Klettergebieten, die oben genannten Beispiele aus dem Ith sind ein ernst gemeinter Vorschlag. Was aber viel schlimmer ist: Natürlich habe ich versucht, die vom wohlmeinenden Zeitgenossen empfohlenen Gespräche zu führen. Und zwar durchwegs mit einer höflichen Ansprache. Die Reaktionen reichten von völliger Verständnislosigkeit (die Angesprochenen wussten nicht, was „Vorsteigen" ist) bis hin zur Androhung von Gewalt: Ich solle das Maul halten und ob ich meinte, der Fels würde mir gehören(!). Seitdem lasse ich es sein.

Auch beim Topropen hilft eine gewisse Grundpfiffigkeit, Schlimmeres zu verhindern.

Drittens: Das ewige Rumgeblöke
Offenbar ist vielen Kletterern die Tatsache nicht bewusst, dass sie nicht allein auf der Welt sind. Mir wird jedes Mal schlecht, wenn ich neben meinen eigenen Problemen am Fels auch noch die des Nebenmannes heraufgebrüllt bekomme. „Nimm mal den rechten Fuß hoch! Kannste nicht erstmal klinken?! Komm, komm, komm, komm! Eindrehen und hochgreifen! Links ist die Kelle! Links, nicht rechts! Blockier durch und schnapp hoch! Gehtscho, gehtscho, gehtscho! Stell dich doch mal auf die Füße, Schatz! Ablassen! Dranbleiben, Dranbleiben! Zu! Achtung, Seilwurf! Das schaffst du! Fuck, fuck fuck, aaaahhhh, so eine Scheiße! Aussischärn! Geh mal unterm Seil durch! Wo geht's denn hier hoch?! Nicht so schnell! Soll ich die Exen drin lassen!? Ich krieg den Scheiß-Keil nicht raus! Seilst Du ab oder lenkst du um!? Achtung, Saaheil! Allez, allez, allez! Stand! Was? Staaaand!!! Hast Du Stand? Jaaa, ich hab Stahaaand! Fest! Locker! Block! Dicht! Seil!" usw., usw. Hallo? Unsere Felsen sind maximal 20 Meter hoch. Gucken, aufpassen, mitdenken! Dann reicht ein Kopfnicken oder ein erhobener Daumen. Und wenn ihr meint, der Kamerad kommt ohne euer Kommentartrommelfeuer nicht hoch, habt ihr sowieso irgendwas falsch gemacht.

Viertens: Schnupperkurs-Sprech
Wir sollten uns auch am Fels einer eindeutigen, klar differenzierten und korrekten Begrifflichkeit befleißigen. Also: Die Summe der zu bekletternden Felsstrukturen zwischen Teppich (haben wir ja eben gelernt) und Umlenker heißt Weg, Route oder Tour, beim Bouldern von mir aus auch Problem, aber keinesfalls „Strecke"! In diesem Weg gibt es keine „Eisen" mit „Schlaufen" sondern Haken mit Exen. Das, was ihr dort ein-

klinkt, heißt nicht „Leine" sondern Seil. Und Achtung, falls es euch noch nicht aufgefallen ist: Eure Strecke hat keine Farbe!

Fünftens: Die blöde Tickmark-Schmiererei
An die High-Ender: Ja, auch eure „Strecke" hat keine Farbe, ihr müsst euch merken, wo die Griffe und Tritte sind, und sie sind alle irgendwie grau. Also: Wenn ihr für einen Onsight zu schwach und zum Merken der Haltepunkte zu blöd seid und euch diese riesen Tickmarks an den Felsen malen müsst, macht sie hinterher wieder weg. Geht ganz leicht! Und wenn es denn sein muss: Bitte mit Chalk und nicht mit Farbkreide oder Wachsmalstiften.

Sechstens: Das alberne Rumgedudel
Wenn ihr zu denen gehört, die nichts mehr ohne Musik machen können, weil in den Kletterhallen ja mittlerweile schon die Scheißhäuser mit Loungemusik beschallt werden, steckt euch von mir aus Knöpfe in die Ohren, um euch bedudeln zu lassen. Was gar nicht geht, sind Ghettoblaster an den Einstiegen. Klar, eure Musik ist supertoll und sie hilft euch kolossal beim beschwingten Schnappen, aber stellt euch mal vor, da wäre ein Kollege, der die Kellys toll findet oder deutschen Rap oder (worst case!) Marius Müller-Westernhagen. Und alle müssten sich übergeben. Wer macht das dann weg?

Siebtens: Ungebetene Kommentare
Ich hab's anderswo schon mal geschrieben: Anderen Kletterern ungefragt Ratschläge zu erteilen, ist eine grauenhafte Unsitte und auf jeden Fall zu unterlassen! Klar, ihr wisst bescheid, ihr habt es drauf, ihr seid vielleicht sogar Hausmeister, habt die Tour schon betrunken mit verbundenen Augen im Abstieg

gemacht. Prima! Hängt euch ein Schild um den Hals, wo das draufsteht, wer mag, kann's da nachlesen, oder gebt ein Buch mit euren Weisheiten heraus. Man wird euch bewundern und huldigen. Aber haltet an den Felsen einfach das Maul.

So. Vermutlich wird's nix nutzen, aber mir geht es jetzt besser. Das ist doch schon was. Und mein Therapeut wird mich loben.

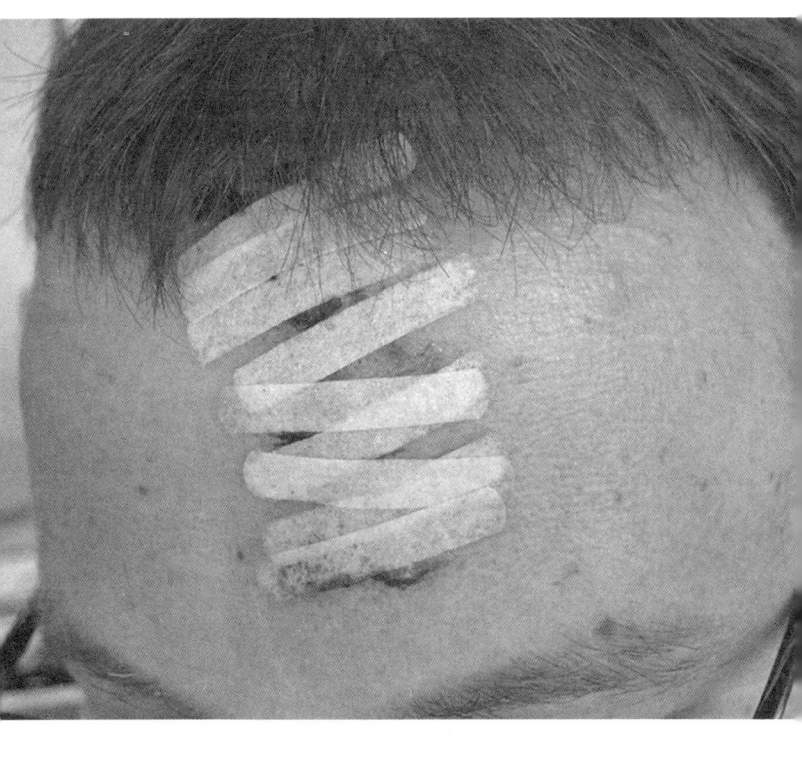

Beim Versuch, mir ein Sponsoren-Tag anzubringen, scheiterte der Tätowierer bei der Erstellung einer Red-Chili-Schote. Man sieht mittlerweile zum Glück kaum noch was.

Neues vom Schpocht
Tagebuch eines Besserwissers

4.2.2005 – Ich fasse einen Entschluss

In Hannover wird angeblich eine neue Boulderhalle eröffnet. „escaladrome". Mein Gott, so was Albernes! Wer braucht das denn? Na, ich jedenfalls nicht! Klar, wie das da abgeht: Die ganzen Mützenbubis schnappen da in ihren Schlabberklamotten rum, im Hintergrund läuft Skater-Punk, und man muss Eintritt zahlen, für etwas, das man normalerweise umsonst kriegt. Also nur ein weiterer Kletterpuff. Bah! Ich beschließe, ihn zu verachten.

4.6.2005 – Ich verärgere einen berühmten Menschen

Anlässlich einer Veranstaltung in Hohnstein, auf der auch der berühmte Heinz Zak irgend so ein Gummitwist-Kunststückchen vorführt, lese ich einen Text, in dem ich meiner Langeweile über die öde Sensationsberichterstattung in unseren Klettermedien Ausdruck verleihe und die zentrale Rolle der Fotografen beklage, die die Hochglanzheftchen und Internetseiten mit austauschbar uniformen Starfotos überschwemmen. Nach der Lesung mische ich mich unters Publikum und setze mich wieder brav auf meinen Platz. Dort empfängt mich Helmut Schulze – damals Hoffotograf von Bernd Arnold – mit einem breiten Grinsen. Er deutet mit dem Kopf auf den Tiroler und raunt mir zu: „Mr. Zak was not amused about your story ..." Schön, wenn man so unmittelbar Bestätigung für seine Arbeit bekommt.

22.6.2005 – Mein Verleger wird gerügt

Mein Verleger ruft mich an und sagt, er habe Heinz Zak auf einer Messe getroffen. Dieser sei auf ihn zugekommen und habe ihn gerügt: Dass er das eine Unverschämtheit fand, was ich da in Hohnstein gelesen hätte, die Hubers wären derart sensible Menschen, und überhaupt, er sei ein freier Mensch, und er würde niemals mehr auf einer Veranstaltung sein, wo ich läse. Und was soll ich sagen: Er hat sich bis heute dran gehalten. Danke, Heinz!

4.9.2005 – Ein unerwarteter Cappuccino

Ich habe zufällig in Hannover zu tun, und weil es am Wege liegt, schaue ich einmal im escaladrome vorbei. An der Theke steht mein alter Kumpel Hans und kümmert sich, ein Weißbierglas in der Pranke, um seinen Elektrolyt-Haushalt. „Häh, was machst du denn hier?", frage ich ihn. „Du, das ist ganz schön hier, klasse Boulder, gute Stimmung, nette Leute." Vorsichtig schaue ich mich um. Hinter der Theke steht Susanne und lächelt mich an: „Darf ich dir einen Cappuccino machen?" Ich nicke.

8.9.2005 – Ich mache mir Gedanken

Habe nach reiflicher Überlegung beschlossen, mich der Tatsache zu stellen, dass ich nicht jünger werde. Und dass Muskelquerschnitte sich nicht von alleine vergrößern. Außerdem hasse ich es, mich zu blamieren. Das nächste Frühjahr kommt bestimmt, und ich lege dann keinen Wert auf Kommentare, die mit „Na, du warst aber auch schon mal …" beginnen. Ich sollte tatsächlich anfangen, zu trainieren. Wieso eigentlich nicht im escaladrome?

11.9.2005 – Schlechte morgendliche Gefühle

Also, der Cappuccino von Susanne und Mark ist wirklich große Klasse. Und nett sind die beiden, dass es einem fast unheimlich ist. Ich kaufe mir eine Eintrittskarte und ziehe mich um. An der Wand hängt ein Plakat, dem ich entnehme, dass die Boulder hier nach Farben sortiert sind: von „Weiß" wie „baby-eierleicht" bis „Rot" wie „unmöglich". Ich setzte mich auf die Matte an der Wand, fasse die Startgriffe eines weißen Boulders an und hebe keinen Zentimeter ab. Ich frage einen von den Muskelheinis neben mir, ob es hier auch was Leichteres gäbe, so für Familienväter, aber er bedeutet mir, weiß sei nun wirklich das Leichteste. Nach einigen Versuchen gelingt es dann doch. Ich verausgabe mich binnen einer halben Stunde bis zur Erschöpfung und rubbele mir die Hornhaut von den Fingerbeeren. Am nächsten Morgen fühle ich mich wie verprügelt.

9.12.2005 – Na bitte

Die Liebesnadler veranstalten einen Boulderwettkampf im escaladrome. Für mich steht außer Zweifel, dass ich das ganze maximal als Kampfrichter begleiten werde. Ich werde dann aber doch genötigt mitzumachen, gebe alles und werde zu meinem Erstaunen nicht Letzter. Hm – eigentlich eine feine Sache, dieses Bouldern.

1.4.2006 – Scheiß-Wirklichkeit

Im Internet lese ich die Ankündigung eines Boulderwettbewerbs in Köln: „Slopermania – Dynos feuern, Platten schleichen, Sloper pressen, Käntchen krallen, Kanten hooken. Für gute Musik, Stimmung, Fun und After-Climb-Party wird gesorgt. Jeder Teilnehmer erhält ein T-Shirt und Food for climbing." Und darüber soll man noch Satiren schreiben? Ich gebe auf, das kann ich nicht toppen.

8.6.2006 – Richtig angebrachte Tätowierungen

Auf der Titelseite von „klettern" sehe ich ein Foto von Christian Bindhammer in einer angeblichen 11-. Ich weiß nicht mehr, wo ich den Satz gelesen habe: „Christian Bindhammer: Noch nie hat ein Mensch so viel Aufwand betrieben, um dann nichts zu hinterlassen." Er klettert ärmellos und ohne Helm, trägt aber als Kompensation für die fehlende Werbefläche ein Tattoo mit dem Logo seiner Schuhfirma – zum Glück auf dem der Kamera zugewandten Arm. Sein Gesichtsausdruck verrät das untaugliche Bemühen, ein impertinentes Grinsen zu verbergen, so dass selbst dem blödesten Bindhammer-Fan klar sein muss, dass dies ein gestelltes Bild ist. Ich verspüre nicht übel Lust, einen Leserbrief zu schreiben.

9.6.2006 – Komische Vorstellungen

Im Internetforum von Climbing.de wird ernsthaft darüber diskutiert, ob das Tattoo auf des Bindhammers Arm ein echtes sei oder nur eins von diesen geklebten, und wenn ja, wo man so etwas bekäme, weil das wäre ja wohl ober-hammer-cool! Ich male mir das Studio „The Needle – Tattoos and Brandings" in einer eher unfeinen Hinterbahnhofsgegend von Erlangen aus, wo Menschen mit dünnen Beinen und trapezförmigen Oberkörpern ein- und ausgehen, um sich ein Edelrid-e auf die Schulter stechen, eine Red-Chili-Schote durch die Brustwarze schießen oder mit einem Vieheisen sonstwas sonstwohin brennen zu lassen. Und ich biete Wetten an, dass es das schon tatsächlich gibt.

10.6.2006 – Eine Erkenntnis

Irgendwo lese ich, dass diese Tattoos, die die Hardmover tragen „Sponsoren-Tags" genannt werden. Wie gut, dass ich das jetzt weiß und mitreden kann.

8.10.2006 – Schlechte nachmittägliche Gefühle

Habe heute Nachmittag meinen ersten grünen Boulder geschafft. Doch die Genugtuung hält sich in Grenzen, als ich kurz darauf Zeuge werde, wie derselbe Boulder von den rotzlöffeligen Teilnehmern eines Kinder-Boulder-Kurses zum Aufwärmen gemacht wird. Ich fühle mich alt und fett.

20.10.2006 – Haariges

Im Wartezimmer meines Lieblings-Zahnarztes lese ich im „Stern" einen Artikel über die Yeti-Forschung von Reinhold Messner mit dem Titel „Gibt es ihn doch?", der mir sehr viel Freude bereitet. Ein paar Tage später sehe ich den stark behaarten Südtiroler auf dem Alpintag in Köln, wo er von einem Pulk knipsender und autogrammheischender Fans umlagert wird. Und mir wird klar: Tatsächlich – Reinhold Messner gibt es wirklich!

25.10.2006 – Ein Paddelmensch zieht Vergleiche

Nach meiner Lesung auf dem Alpintag in Köln googele ich ein bisschen herum und stoße in einem Forum für Kanufahrer auf folgenden Kommentar eines Paddlers zu meinem „Fickmatten"-Text:
„Jedenfalls weiß ich nun, dass man Klettern mit dem Paddeln vergleichen kann. Und zwar gibts ja das Wildwasserpaddeln, das Paddeln im Wildwasserkanal und das Playboating an einer Welle. Nun das gibts beim Klettern genauso. Normales Klettern, Kletterhalle und Bowldern." Und jetzt kommt mein Lieblingssatz: „Bowldern ist sich in niedriger Höhe ohne Absicherung am Felsen entlang zu klettern. Nennt sich aber dann bowldern. Die Griffe haben da auch eigene Namen. Und was auch identisch zum Playboating ist, die Bowlderstelle heißt „Spot" und die Typen haben trendige Klamotten." Dieses schöne Beispiel verdeutlicht, wie schön flachere Tellerränder im Allgemeinen wären.

12.11.2006 – Schmerzensgeld

Ich habe eine Lesung in einer Kletterhalle in Heilbronn. Ein Desaster. Man setzt mich vor eine Vitrine, in der der ortsansässige Outdoorladen schreiend bunte Jack-Wolfskin-Klamotten ausstellt. Ich komme mir vor, als säße ich in einem dieser Schaufenster im Amsterdamer Rotlichtviertel. Nebenan läuft derweil der Kletterbetrieb weiter, der Boulderbereich wird von der üblichen Bumsmusik beschallt. Eine Hand voll Zuhörer versucht trotzdem, sich zu konzentrieren, ich indes schaffe es nicht und quäle mich genervt durch die Lesung. Als endlich die Zugabe gelesen ist, drückt mir der Veranstalter die höchste Gage, die ich bis dahin für eine Lesung bekommen habe, in die Hand. Ich verspreche wiederzukommen. Anschließend lädt er uns in ein kubanisches Restaurant zum Essen ein und bezahlt auch noch das Hotel. Dort scheinen vorwiegend Starkstrommonteure zu nächtigen, beim Frühstück geht's ziemlich rustikal zu. Über dem Frühstücksbüffet hängt ein Schild, das in der Art gefertigt ist wie die Schilder, auf denen zu lesen ist, dass man auf seine Garderobe selbst zu achten habe: silbern, leicht nach außen gewölbt, schwarze Kursiv-Schreibschrift. Auf dem Schild steht folgender Satz: „Iss dich fit – aber nimm nichts mit!" Ich finde, dass das auch ein prima Lebensmotto abgeben könnte.

5.4.2007 – Mein Verleger beschimpft mich

Mit großem Interesse verfolge ich eine Diskussion auf Climbing.de, ob denn beim Eisklettern Fersensporn und Handschlaufen zulässig oder eher als unsportlich zu verdammen seien. Ich fürchte, der Weg zur Erkenntnis ist hier noch relativ weit: Erst wenn man sich der ziemlich unumstößlichen Tatsache bewusst wird, dass kein Mensch an Eiszapfen emporklettern kann und natürlich allein schon die Verwendung von Steigeisen und High-Tech-Carbon-Beilen hochgradig unsportlich ist, dürfte man einen Schritt weiter sein. Und auch diesen schwachsinnigen Drytooling-Auswüchsen täte eine etwas kritisch-distanziertere Betrachtungsweise gut, finde ich. Als ich mit meinem Freund und Verleger Achim darüber diskutiere, beschimpft er mich als kleinkarierten, norddeutschen Sesselfurzer und Alpinbürokraten. Auch er würde gern mal mit Kletterschuhen und Eisgeräten an den Fels fahren. Da fände er nichts dabei, und das mache richtig Spaß. Später lese ich irgendwo, dass es das natürlich schon lange gibt und „Rock-Axing" genannt wird. Also: Wenn ich einen dabei an unseren Felsen erwische, dann weiß ich auch nicht, was ich machen soll.

28.10.2007 – Ich gewinne einen Literaturpreis

In der „Kulturfabrik Löseke" in Hildesheim wird ein Literaturwettbewerb veranstaltet. Beata sagt, ich soll teilnehmen. Das Thema ist „Schuhe". Ich kürze meinen Text „Die Geisha starb an Blutvergiftung" auf die geforderte Länge und gebe ab. Es handelt sich um einen Publikumspreis. Die Texte werden vergrößert an die Wand der Fabrik gehängt, und man kann abstimmen, welcher Text einem gefällt. Da ich meine Geschichte am besten finde, stimme ich für mich. Beata auch. Am Abend wird ausgezählt, und ich habe gewonnen. Es ist mein erster Literaturpreis. Ich muss auf die Bühne, bekomme eine knallgrüne Umhängetasche als Preis, danke meinem Verleger, meinen Eltern und meiner Frau und muss dann die Geschichte vorlesen. Die wenigsten verstehen sie, aber die meisten klatschen trotzdem. Die Tasche schenke ich Beata. Ob ich noch einmal an einem Wettbewerb teilnehme, weiß ich nicht.

Ich kann gar nicht in Worte fassen, wie blöd ich das finde.

20.11.2007 – Barbrüstige Mattenschubser und ein unschönes Wort

Ich finde bei Youtube ein Filmchen, das mich verwirrt: Es ist der Trailer zu einem spanischen Klettervideo, Hauptakteur ist ein gewisser Señor Andrada, der sehr berühmt sein muss, weil alle um ihn herumlaufen. Er wird dabei gefilmt, wie er mit nacktem Oberkörper an der Decke einer schmutzigen spanischen Höhle herumhangelt und ziemlich laut dabei stöhnt. Um ihn herum wuseln ebenfalls barbrüstige Domestiken, die unter unverständlichen Anfeuerungsrufen mit Crashpads den Weg des Meisters an der Decke im Höhlendreck nachzeichnen. Einer der Mattenschubser hat eine dicke Wollmütze auf, was ich nicht verstehe, weil das ganze ja in Spanien spielt, wo es doch warm ist. Zwischendurch hängt der Señor Andrada wie eine Fledermaus in einem Höhlendeckenloch, keucht: „Locos, locos!" und bekommt Kekse angeboten. Er gibt sich wirklich Mühe, dieser Señor, das muss man sagen, und ich bin fast ein wenig enttäuscht, als er am Ende doch stöhnend auf eine seiner zahlreichen Matten plumpst. Noch aufschlussreicher aber empfinde ich eine andere Sequenz des Trailers: In einer schrecklich überhängenden Tour schnappt sich ein junger Mann von Griff zu Griff und schreit dabei herum, dass man denken möchte, er würde gefoltert. Kurz bevor er entkräftet ins Seil fällt schreit er „Motherfucker! Motherfucker!" Nun ist dieser eher unschöne Ausdruck ja mit Sicherheit all denen geläufig, die sich für nordamerikanische Unterschichten-Musik interessieren und zwar als undifferenzierte Bezeichnung für Mitmenschen, die auch nur ein klein wenig anders sind als man selbst. Wörtlich übersetzt bezeichnet man mit diesem Ausdruck wohl jemanden, der Geschlechtsverkehr mit seiner Mutter hat. Ich schätze, ich werde mir dieses Video nicht kaufen.

25.11.2007 – Überraschende anatomische Gegebenheiten bei einem Huber

Die Hubers haben mal wieder einen Geschwindigkeitsrekord an der Nose aufgestellt. 2 Stunden, 45 Minuten, 55 Sekunden. Ich kann das nicht einordnen. Ist das schnell? Der ICE von Köln nach Stuttgart jedenfalls braucht eine halbe Stunde weniger. Ok, es ist schneller als die alten Rekorde, aber objektiv schnell? Ich weiß es nicht. Egal. Auf jeden Fall gibt's bei Youtube wieder jede Menge Filmchen und Trailer davon zu bestaunen. Ich klicke weiter zur Seite „huberbuam.de". Da! Ein Bild, das mich schockiert: Alex hält die Stoppuhr in die Kamera, der Fotograf liegt zu seinen Füßen und knipst steil nach oben. Man sieht neben Alex den startbereiten Bruder, am oberen Bildrand den El Cap in seiner ganzen Pracht und zwischen ihm und der Stoppuhr Alex' Leib mit zwei (Entschuldigung) Hängebrüsten. Vermutlich eine optische Täuschung. Seitdem jedoch fällt mein morgendlicher Blick in den Spiegel weit weniger kritisch aus als bisher.

26.11.2007 – Es geht voran

Ich bin im escaladrome inzwischen fast schon so was wie ein local. Wenn ich auftauche, macht Mark mir ungefragt einen Cappuccino und verziert ihn kunstvoll mit einer Liebesnadel aus Kakaosirup. Ich bin aber auch tief in mich gegangen und trainiere jetzt zwei- bis dreimal die Woche, und es ist gar nicht schlimm. Gestern hätte ich fast meinen vierten grünen Boulder geschafft, wenn er nicht abgeschraubt worden wäre. Heute habe ich meine dritte Zehnerkarte angefangen.

15.10.2008 – Katholisches

In Fulda lese ich in einer Jugendkulturfabrik. Man erkennt sie an den vielen Graffiti, die überall drangemalt sind. Bei einem Spaziergang durch die Altstadt erklärt mir mein Begleiter Lucas, in Fulda gäbe es den einzigen Schlecker-Markt Deutschlands, in dem keine Kondome verkauft werden dürften. Der Gebäudebesitzer, das Erzbistum Fulda, habe eine entsprechende Auflage im Mietvertrag fixiert. Ein paar Minuten später bouldern wir an der barocken Sandsteinfassade des Doms und die Sonne scheint. Das haben sie nun davon.

3.5.2010 – Thomas und die Physik

Im escaladrome laufe ich vor ein Plakat, auf dem für einen Lichtbildervortrag von Thomas Huber geworben wird. Der Titel lautet „Im Vakuum der Zeit". Ich bestelle mir einen Cappuccino bei Susanne und während ich ihn schlürfe, überlege ich tatsächlich, ob ich da hingehen soll. Einfach um zu sehen, wie der Thomas die Zeit da … ähh … also, wie da die Luft aus der Zeit heraus… ähh, …gepumpt wird, oder was? Ja, und vor allem ob die dann platt ist, hinterher, also … ähh …so platt, wie es eben geht, weil ja der Thomas dann da noch drin ist, in der Zeit, oder so. Ich lasse es aber dann doch bleiben.

13.10.2010 – Ein Lama spuckt große Töne

David Lama ist gerade zwanzig geworden. Höchste Zeit, uns mit einem Buch zu beglücken, in dem er uns mitteilen kann, was beim Klettern heutzutage so abgeht. Es heißt „High. Genial unterwegs an Berg und Fels". Allein der Titel schon! Und dann der Klappentext: *„Mein Name ist David Lama. Meine Freunde nennen mich Fuzzy. Mein Vater stammt aus Nepal. Meine Mutter kommt aus Tirol. Ich kann klettern. Ich möchte bestimmt nicht unbescheiden sein, aber es gibt auf der Welt nicht viele, die besser klettern als ich." David Lama ist Kult. In den Bergen muss David nie nachdenken, um zu wissen, was er tun muss. An einem Finger kann er seinen Körper nach oben ziehen, alles passiert intuitiv – wie atmen. Abitur, Freundin, Führerschein – wozu? Die Hauptstadt Tirols heißt Innsbrooklyn und die Routen in den Alpen Banana Pancake und Desperation of the Northface. Und von dort aus geht's weiter nach Kirgisistan, Patagonien, in den Himalaya. Überallhin, wo es das gibt, was David sucht: geniale Felsen, maximale Freiheit, ultimativen Fun. Jo, lässig, passt scho.*

24.10.2010 – Entsorgungsprobleme

Bei facebook stoße ich auf eine Gruppe, in der Red Bull aufgefordert wird, den Dreck, den David Lama in Form von Fixseilen und anderem Equipment anlässlich der durch die Bullenbrausemacher finanzierten Dreharbeiten am Cerro Torre hinterlassen hat, wieder wegzuräumen. „Maximale Freiheit, ultimativen Fun. Jo, lässig, passt scho."

26.10.2010 – Der Tiroler gibt mir zu denken

Irgendwo hält Heinz Zak einen Diavortrag mit dem Titel „Jenseits der Vertikalen". Ich bin fasziniert: Anscheinend ist es dem netten Tiroler Hutträger nun endgültig gelungen, auf die andere Seite zu gelangen. Wie es da wohl ist?

5.11.2010 – Der Schicksalsberg an der Elbe

Bei einer internetgestützten Recherche stoße ich auf eine Meldung, wonach Peter Habeler bei Karstadt in Hamburg im Rahmen einer sogenannten „Nanga-Parbat-Präsentation" sein Buch „Das Ziel ist der Gipfel" signiert. Ich bin der Meinung, dass gewisse Berufsgruppen, zum Beispiel Schlagersänger, gesetzlich verpflichtet werden sollten, große Lebensversicherungen abzuschließen, damit sie rechtzeitig aufhören können zu singen – zum Wohle aller. Und man sollte diese Bestimmung auch auf alternde Ex-Seilpartner von Reinhold Messner anwenden, damit sie nicht immerfort neue Bücher schreiben müssen. Hmm – „Das Ziel ist der Gipfel". Wenn „Das Ziel = der Gipfel" wahr ist, und gleichzeitig das konfuzianische „Der Weg = das Ziel" gilt, müsste nach dem Gesetz der Transitivität auch gelten: „Der Weg = der Gipfel". Während der für Logik zuständige Teil meines Großhirns noch damit beschäftigt ist zu ergründen, wie man sich einen gipfelgleichen Weg wohl vorzustellen habe, kommt mir folgende Meldung in den Blick: Kunden, die zwischen dem 25.10. und 26.11. bei Karstadt einen „Nanga-Parbat-Pullover" erstünden, bekämen ein „Outdoor-Sett" gratis dazu. Der „Nanga-Parbat-Pullover" sei dem Original von 1953 nachempfunden, in dem Hermann Buhl im Alleingang bei −41°C nach 40 Stunden Aufstieg als erster den schwierigsten Achttausender der Welt bezwungen habe. Ich muss mich kurz kratzen. Was ein „Outdoor-Sett" ist, wird leider nicht verraten.

22.1.2011 – Ein unerwartetes Geschenk

Als Dankeschön für meine alljährliche Lesung schenken Susanne und Mark Beata und mir je eine Jahreskarte fürs escaladrome. Eine Jahreskarte für meine Lieblings-Verrichtungsanstalt: Ich glaube, ich habe es geschafft!

Um das eventuell in der Nachbarschaft brütende Federvolk nicht über Gebühr zu beunruhigen, verständigen wir uns falls erforderlich mit einer lautlosen Gebärdensprache. Das hier heißt: „'Ja!! Kannst mich rausnehmen! Mann, war das knapp!"

Zwinkernde Falken

Im Jahr 2008 fiel Christi Himmelfahrt auf den 1. Mai. Gläubige und Proletariat waren also gezwungen, gemeinsam zu feiern. Das wird das nächste Mal angeblich erst wieder im Jahr 2160 passieren. Prima. Denn schön war das nicht.

Schon beim Frühstück auf unserer sonnigen Ferienhausterrasse in Hohnstein spürten wir, dass etwas anders war: Überall dudelte Musik und kräftige Männerstimmen ließen die ersten Fahrtenlieder durch das friedliche Städtchen schallen, auch das Rumpeln von Bollerwagen, und das Klimpern der darin abgestellten Bierkästen war zu vernehmen. Gegenüber auf der Burg waren die Betreuer des „Treffens Junger Bergsteiger" bereits beim zweiten Frühstück angelangt, und sie ließen weithin schallend keinen Zweifel daran, was sie sich für diesen Tag vorgenommen hatten. Bei der Diskussion unseres Tageszieles erwogen wir zunächst, ein weit entferntes, abgelegenes Klettergebiet aufzusuchen. Aber schließlich entschied ich: Dem Mutigen gehört die Welt, im Auge des Zyklons herrscht Windstille, lass uns nach Rathen fahren.

Natürlich war der Basteiparkplatz schon wegen Überfüllung gesperrt, und so bekamen wir quasi als Aperitif die Fahrt mit dem Doppeldecker-Shuttlebus vom Auffangparkplatz zur Bastei spendiert. Wir saßen dort eingepfercht zwischen lauter dem Anlass entsprechend lustigen Menschen und lauschten der Bandansage, die die Reisenden mit nützlichen Informationen zu Sehenswertem im Zielgebiet versorgte: Das „Gasthaus Steinerner Tisch" hieße „Gasthaus Steinerner Tisch", weil sich neben dem Gasthaus – Achtung! – ein steinerner Tisch befände, wo weiland seine Majestät, na klar, August der Starke auf einem seiner zahllosen Jagdausflüge eine Mahlzeit einzunehmen geruht hatte. August der Starke. Ich schätze mal, dass geschickte Tourismusmarketing-Strategen nach und nach August den Starken für so ziemlich alles, was es in Sachsen gibt, verantwortlich machen werden. Sei's drum. Weiter erfuhren wir, dass, wenn man nach dem Verlassen des Busses die Straße 150 Meter weiter verfolge, man direkt im „Gastronomiebereich" des Basteihotels ankäme (was für „Bereiche" es neben dem „Gastronomiebereich" in einem Hotel sonst noch so gäbe, blieb unklar, wir sollten es aber kurz darauf erfahren). Man solle es dort jedoch keinesfalls versäumen, sich noch die paar Schritte bis zur Basteiaussicht zuzumuten, die dafür aufzuwendenden Mühen würden daselbst (Vorsicht, Natur!) durch einen fantastischen Blick ins Elbtal entlohnt. Abschließend folgte der Hinweis, dass man die Abfahrtszeit des letzten Busses zur Rückfahrt dem Anschlag an der Haltestelle entnehmen könne, was wir leichtsinnigerweise versäumten.

Am Ziel verließen wir den Bus so rasch wie möglich, und während sich unsere Mitinsassen in den Bollerwagentreck Richtung Bastei einreihten, verschwanden wir, eine Gruppe stark alkoholisierter, vaterländisch gesinnter Dynamo-Anhänger kreuzend, in den Wald. Wir schlenderten vorbei am „Fäkalienbereich" (aha!) des Basteihotels in wenigen Minuten zum Wartturm, wo, hatte ich's doch geahnt, außer uns nicht ein einziger Kletterer anzutreffen war. Wunderbar, wir waren allein! Fast, denn auf der Terrasse hatten es sich zwei Damen mittleren Alters auf Sitzpads und Isomatten bequem gemacht, sie trugen Outdoor-

Kleidung und Feldstecher um den Hals, und aus der Anzahl der um sie herum verstreuten Tupperboxen und Isolierkannen war zu schließen, dass sie wohl schon ein Weile da saßen und auch offenbar keinen sofortigen Aufbruch planten. Während die eine nur kurz von ihrem Sudoku-Heft aufblickte, kam die andere, als sie sah, dass wir die Rucksäcke absetzten, mit einer durchaus ans Halbamtliche grenzenden Miene auf uns zu, grüßte uns knapp und mit unüberspielt bemühter Freundlichkeit und fragte, ob wir etwa gedächten, jetzt hier zu klettern. Ich überlegte kurz, ob die Dame womöglich vom seismologischen Warndienst der Staatsregierung sei und ob nun der vollständige Einsturz des Wartturms bevorstünde, vor dem zu warnen sie die Aufgabe hätte. Aber nein, die Dame rückte alsbald mit ihrem Anliegen heraus: Also, wenn wir jetzt hier etwa klettern wollten, dann würde sie uns bitten, uns absolut, sie wiederholte es, ab-so-lut leise zu verhalten, da, und sie senkte die Stimme, als ob sie befürchtete, uns könne jemand belauschen, da vorne (sie deutete auf den Felsabbruch unterhalb der Wartturm-Terrasse) der Wanderfalke horste. Nicht ein Wanderfalke, nein, der Wanderfalke sagte sie, und es klang so, als habe sie uns soeben von der unvermuteten Gegenwart einer gottgleichen Majestät in Kenntnis setzen wollen. Ich versicherte ihr, das sei kein Problem, denn wir würden uns selbstverständlich wie die veritablen Mucksmäuschen verhalten und seien in der Lage, uns, auch was die Seilkommandos anginge, in einer ausgeklügelten Zeichensprache zu verständigen. Im Übrigen sei ich gerade dabei, einen Text zu verfassen, der „Was nervt" heiße und habe dabei auch schon ein Unterkapitel „Das ewige Rumgequake" begonnen. Sir Wanderfalke müsse von uns also keinerlei Belästigungen akustischer Art befürchten. Sie sagte, dann sei sie beruhigt und ließ uns gewähren.

Wir zogen uns vorsichtig die Gurte an und ließen den Blick über die nahen Basteiwände schweifen. Oben auf der Basteiaussicht drückten die Shuttlebusbandansagenbeherziger mit beängstigender Gewalt gegen die Geländer und bestaunten, von Ausrufen des Entzückens begleitet, den bandseitig versprochenen Blick ins Tal. Es herrschte ein Gedränge wie bei einer Stuttgart-21-Demonstration. Der Parkplatz in Oberrathen quoll über vor buntem Blech, wobei mir spontan die Frage in den Sinn kam, wer denn wohl die ganzen fahrbaren Untersätze am Abend wieder Richtung Dresden zu bewegen in der Lage sein würde. Die S-Bahn spie gerade einen weiteren Schwung feuchtfröhlicher Herren aus, die an ihren Wanderstöcken Gummiballhupen befestigt hatten und sich damit den Weg zur Fähre bahnten. Diese wurde mit übelstem Volksmusikgedudel übergossen wie ein Märzenacker vom Gülleschwall. Das geschah bemerkenswerter Weise nur während der Überfahrt, da der Fährmann oder sein Beschallungsoffizier beim Anlegen einfach immer nur die Pausetaste drückte, so dass die Schlagerzombies Hertel, Hinterseer Trenkwalder & Co. abrupt in ihren parallelterzigen „Schöhöhön"s, „Bähärgä"s oder „Hei-mat-land"s ins Koma gewürgt und beim Ablegen an der gleichen Stelle spontan reanimiert wurden.

Ich war gerade dabei, Beata flüsternd zu erklären, dass wir gleich im Alten Weg am Wartturm auf den Spuren Oscar Schusters, dem großen Pionier des sächsischen Bergsteigens, würden wandeln dürfen, als uns ein böllernder Kanonenschuss zusammenzucken ließ, dessen durchs Tal rollender Nachhall von grölendem Jubel begleitet wurde. Vermutlich hatte sich auch ein Gebirgsschützenverein Rathen zum Ziel der diesjährigen Herrenpartie erkoren, denn dieses Ereignis sollte sich während der zwei Stunden, die wir am Wartturm verbrachten, noch einige zwölf Male wiederholen.

Nach einem geräuschlosen Einstiegsküsschen machte ich mich schließlich auf den Weg, vorsichtig setzte ich die Füße und versuchte auch, unnötiges Karabinerklimpern zu unterdrücken. Ein kurzes Nicken zu Beata bestätigte jeweils die Qualität der gelegten Schlingen, behände und lautlos huschte ich den Kamin hinauf zum Gipfel. Dort verlängerte ich die Sicherungsöse bis zur Kante und bedeutete der Liebsten mit erhobenem Daumen das, was ich bei Falkenabwesenheit mit einem fröhlichen „Aussischärn!" signalisiert hätte. Ein lächelndes Nicken, ein weiterer Daumen als Bestätigung für die Gefährtensicherung und schon schwebte Beata, ohne auch nur das leiseste Tönchen von sich zu geben, zu mir empor.

Während sie das tat, geschahen unten zeitgleich zwei Dinge: Zum einen näherte sich von Wehlen kommend das Dampfschiff „August der Starke" (wirklich!). Das voll besetzte Sonnendeck wurde von einem alleinunterhaltenden Keyboardschänder mit dem, was er für Musik hielt, besudelt, das Niveau seines Gesangs ließ einen glatt den guten Hansi Hinterseer zurückwünschen. Genau unter uns wurde mit einem kräftigen zehnsekündigen Stoß aus der Dampfsirene der Anlegevorgang in Rathen angekündigt, bei dem sich dann die blubbernde Keyboardsoße und die Fährenschlagergülle zu einem explosiven Gebräu vermischten. Zum zweiten traf auf der linkselbischen Wiese ein Kleinbus mit johlenden jungen Leuten ein, die ihre Technorhythmen mit dem subwooferwummernden Soundsystem des Partybusses in einer so unglaublichen Lautstärke ins Tal rotzten, dass ich mir ernste Sorgen um die Statik unseres

Turmes machte, die sich ja schon einmal als nicht die allerstabilste gezeigt hatte. Doch diesmal ging alles gut.

Selbstverständlich vermied ich beim Öffnen der Gipfelbuchkassette jedes unnötige Geräusch. Wir schrieben uns ein, die Sonne schien, das Tal dröhnte wie eine Zwillingsapokalypse aus Loveparade und Oktoberfest. Als ich gerade dabei war, das Seil geräuschlos durch die Abseilöse zu fädeln, stieß mich Beata an. „Da!", flüsterte sie und zeigte in den Himmel. Tatsächlich, da war er, der Falke. Unsere Rücksicht hatte sich also gelohnt, wie schön. Er drehte eine schwungvolle Kurve um unseren Turm und kam dabei so nah, dass ich meinte, sogar ein huldvolljoviales Augenzwinkern gesehen zu haben.

Natürlich war abends der letzte Bus schon weg.

Auch auf dem Gipfel sollten wir uns zum Wohle der Vogelwelt eines unauffälligen Verhaltens befleißigen. Hier sieht man ein vorbildliches Beispiel.

Sicherlich trägt dieses vollkaskobehütete Kind unter dem Schneeanzug noch eine Eishockeytorwartschützergarnitur.

Pinguin-Rollatoren für alle!

Ich wohne in Hildesheim und habe mich ja schon mehrfach über den merkwürdigen Umstand geäußert, wie in einem dort heranreifenden Knaben der Wunsch entstehen kann, Bergsteiger werden zu wollen. Nein, Jungs die in Hildesheim geboren werden, wollen alles Mögliche werden: Lokomotivführer, Busschaffner oder Verwaltungsinspektoren vielleicht, nicht jedoch Bergsteiger. Vermutlich spüren sie instinktiv, dass Hildesheim allein aufgrund seiner geographischen Lage kein wirklich alpines Flair verströmt. Wer jemals die Autobahn 7 nach Norden gefahren ist und kurz vor Hildesheim, ungefähr auf Höhe der Raststätte „Hildesheimer Börde", aus dem Beifahrerfenster geschaut hat, wird sich eventuell erinnern: Ja, hier wird's jetzt wirklich endgültig flach, hier sind selbst die sanften Hügelchen, die dem gemeinen Hildesheimer vielleicht noch wie Berge vorkommen, zu Ende, und bis zum Polarkreis erstreckt sich eine brettebene gigantische Steppe, in der die Zuckerrübe die einzige schattenspendende Pflanze wäre, würden nicht hier auch ungefähr 80 % der Kartoffelernte für die McDonalds-Pommes-Frites angebaut.

Nun ist die Abwesenheit von Bergen nicht das einzige zu beklagende Hildesheimer Manko. Ebenso müssen seine Bürger ohne größere Wasserflächen, geschweige denn Strände oder rauschendes Meer auskommen. Es wächst kein Wein, es wird kein Bier gebraut, es gibt weder nennenswerte kulinarische Spezialitäten, noch, außer einer etwas breiteren niedersächsischen Aussprache, eine als Dialekt zu bezeichnende Mundart. Zu allem

Überfluss ging man, als der Zweite Weltkrieg nach Deutschland zurückschwappte, auch noch einer ehemals sehenswerten historischen Altstadt verlustig. Irgendwann kamen dann findige Stadtmarketingstrategen auf die Idee, den vom Schicksal vernachlässigten Hildesheimern als Ausgleich für ihre etwas reizarme Umwelt einen ganzen Strauß von Zerstreuungen anzubieten, die in Hildesheim in etwa so viel zu suchen haben wie Dieter Bohlen in einer Philosophievorlesung: Es gibt natürlich auch hier einen sogenannten „Weihnachtsmarkt", an dessen Existenz zu gewöhnen, geschweige denn den zu besuchen ich mich nach wie vor erfolgreich weigere. Es gibt ein Weinfest, das in Hildesheim etwa so absurd wirkt wie ein Krabbenpulerfest in Berchtesgaden. Bei diesem traubengestützten Volksbesäufnis kreuzt übrigens alljährlich Tony Marshall auf, nicht ohne überflüssigerweise seine Stimme derart entsetzlich über den sorgsam restaurierten historischen Marktplatz gellen zu lassen, dass die Tauben reihenweise von den Dachrinnen kippen. Man mutet uns eine „Automeile" in der Fußgängerzone(!) zu und verschont uns auch nicht mit dem unvermeidlichen „Mittelaltermarkt", bei dem man sich für 12 Euro Eintritt von schlecht rasierten, in albernen Karnevalsplunder gehüllten Männern in einer Art und Weise anschreien lassen muss, die außerhalb der qualmenden und leierquengelnden Festzeltwelt wohl einen prima Anlass für einen Beleidigungsprozess abgäbe.

Doch damit nicht genug. Auf einen öden Nachkriegsplatz hinter dem Rathaus, der auf den durchaus irreführenden Namen „An der Lilie" hört und der in etwa so viel Flair hat wie ein benutzter Pizzakarton, wird Sommer für Sommer lastwagenweise Sand gekippt, um darauf den sogenannten „Citybeach" entstehen zu lassen: eine Pseudo-Strandlandschaft mit Beachvolleyballfeld, Strandkörben, bunten Plastiksonnenschirmen, einer Strandbar und nervender Dauerbeschallung mit Beachboys- oder Partyrhythmen. Zur Winterszeit, kaum sind Wein- und Weihnachtsmarkt vorüber, verwandelt sich dieser traurige Ort dann in eine „Eiszeit" betitelte Eisfläche, die von Glühweinbuden und Hax'n-Stub'n dominiert und mit Schlittschuh-Pop beschallt wird. Ich bin mir zwar nicht sicher, ob es Schlittschuh-Pop wirklich gibt, doch dort spielen sie ihn trotzdem von morgens bis abends. Neulich kam ich mit meiner Gattin auf dem Nachhauseweg an jenem kreischenden Eisspektakel vorbei. Auf der winzigen Eisfläche herrschte ein Gedränge wie vor dem Eingang einer Kinderdisco, man drehte brav im Uhrzeigersinn seine Kreise, während aus den Boxen, wie schon gesagt, der Schlittschuh-Pop poppte. Fassungslos blieb ich stehen und betrachtete das bizarre Geschlittere. Viele Kinder waren's, na klar, aber auch einige Erwachsene stolperten dort herum: Der obligatorische bärtige Mann mit dem Stirnband, das an den Ohren breiter wird, den wir ja schon von den Weihnachtsmarktglühweinständen her kennen, fehlte ebenso wenig wie der besorgte Familienvater, der nicht nur seinen bis zur Furchtstarre behüteten Kindern einen Fahrradhelm aufs Haupt geschnallt, sondern sich auch selbst, des guten Vorbildes wegen, mit einer entsprechenden Kopfbedeckung verunstaltet hatte. Ein anderer Vater, er trug Rollerblade-Knieschützer über seiner Cordhose, schob seine kleine, in einen pinkfarbenen Schneeanzug gestopfte und durch Mütze und Fahrradhelm beschützte Tochter über das Eis. Sie war vielleicht vier und klammerte sich zusätzlich noch an einen mit Miniskiern versehenen Rollator in Form eines Pinguins. Ich machte rasch ein Bild von diesem denkwürdigen Anblick, und wir verzogen uns kopfschüttelnd in unser nahe gelegenes Lieblingscafé.

Ich rührte gedankenverloren weiter in meinem Cappuccino.
„Ich kann das immer noch nicht glauben, was ich da gerade gesehen habe", sagte ich nach einer Weile.
„Ja, das ist wirklich komisch", pflichtete mir Beata bei. „Niemand traut sich mehr was, es muss alles immer Vollkasko sein."
Zufällig fiel mein Blick auf die Tageszeitung, die neben mir auf der Bank lag. Mein Auge blieb wie von allein an dem Wort „Helmpflicht" hängen. Ich nahm die Zeitung in die Hand, überflog den Artikel und starrte Beata an.
„Was ist?", fragte sie neugierig.
„Hör Dir das an", ich zitierte aus dem Artikel: „Die Gruppe stapft Richtung Schulbus. Ein Mädchen, Sarah, zieht seine Schulbücher in einem Trolley hinterher. „Wir tragen auf dem Weg zum Bus alle Warnwesten", sagt eine Mutter. Sie lobt Florian ausdrücklich, weil er heute einen Fahrradhelm trägt. „Das war gestern nicht der Fall, aber ich bestehe darauf, dass auch im Bus der Helm getragen wird. Da kenne ich kein Pardon."
Beata schaute mich verdattert an.
„Du weißt, dass ich das fast wörtlich so geschrieben habe?", sagte ich.
Beata nickte: „Ja, in „Du bist Barntrup", ich weiß."
„Und jetzt das. Wieso schreibe ich eigentlich noch Satiren? Helmpflicht in Schulbussen! Pinguin-Rollatoren für alle!"
Ich löffelte stumm den Milchschaum aus meiner Tasse.
„Weißt Du was?", ergänzte ich düster, „ich habe gelesen, dass auch bald in allen Gebäuden Rauchmelder Pflicht sind."
„Brauchen wir eigentlich nicht", sagte Beata achselzuckend und stupste mich munter an. „Wir sind doch Kletterer, wir kommen an der Dachrinne runter!"
„Noch besser", fiel ich ein, „ich bohre uns einen Bühler ans Schlafzimmerfenster, dann können wir abseilen!"

„Hm, nee, ist doch blöd." Beata wiegte den Kopf hin und her. „Dann müssen wir ja immer Gurt und Achter unterm Bett liegen haben…"

„Genau! Und bevor wir ins Bett gehen, mache ich die Sicherheitseinweisung!" Ich performte eine perfekte Stewardess-Choreographie: „Die Abseilgeräte befinden sich unter ihrem Bett. Im Fall eines Feuers ziehen sie den Gurt über beide Beine und zurren den Bauchgurt fest…"

Beata lachte. „Na, ich glaub das ist zu kompliziert. Wir können doch auch einfach im Dülfersitz runter, oder?"

„Ok, aber dann brauchen wir auch Schlafanzüge mit Lederbesatz!", wandte ich ein.

Beata legte den Kopf schief und fragte mit ihrem schelmischen Grinsen:

„Äh, sind die nicht eigentlich schon Pflicht?"

Die Gedächtnisplakette für Max Gedicke ist heute immer noch da. Der Pfeiler, an dem unser wackerer Anorakträger gerade herumzerrt, nicht. (Foto: Hans Weninger)

Scheckheftgepflegt

Hartwig hatte keine Chance. Hans hatte ihn auf dem steilen Stück mit einem gnadenlosen Zwischenspurt abgeschüttelt und stand nun ruhig atmend und mit einem fetten „Erster!"-Grinsen am Einstieg.
„Na, auch schon da?", fragte er hämisch, als Hartwig schwer keuchend und völlig verschwitzt neben ihm seinen Rucksack in den Schotter warf.
Hartwig sah Hans an und dachte nach. Wer ihn kannte, wusste, dass er stets sein Gehirn benutzte, bevor er seinen Mund öffnete oder etwas tat. Niemals hätte er sich zu einer spontanen Antwort hinreißen lassen, obwohl Hans' patzige Frage das ja geradezu herausforderte.
„Herzlichen Glückwunsch!", erwiderte er nach einer Weile ruhig. „Und, was hat es dir genutzt? Du musstest doch sowieso auf mich warten …"
Hans musste verblüfft eingestehen, dass er da natürlich Recht hatte, da das Kletterseil auch 1971 schon mit zwei Enden versehen und es natürlich sinnvoll und vernünftig war, an diese auch zwei Bergkameraden zu knüpfen. Außerdem war es kein fairer Wettkampf gewesen, da ihr heutiger Klettertag am niedersächsischen Hohenstein für Hartwig die Premierenausfahrt nach einer überstandenen Meniskusoperation war und er sich naturgemäß noch scheute, das Knie voll zu belasten. Nun war es auch damals keinesfalls so, dass man die Frischoperierten quasi noch mit dem Narkoseschlauch in der Nase aus dem OP jagte und ihnen ein Taxi bestellte, damit sie am nächsten Tag wieder der Arbeitswelt zur Verfügung standen. Nein, damals

war eine Meniskusoperation noch eine richtige Operation, man genoss für über eine Woche auf einer schmucklosen Chirurgiestation die pflegerische Obhut übelgelaunter Häubchenschwestern, bekam freudlos zerkochtes Hühnerfrikassee zu essen und zu allem Überfluss auch noch einen tonnenschweren Gips verpasst. Mit dem musste man mehrere Wochen säuerlich grinsend herumkrücken, und spätestens nach einer Woche hängte man sich ein Schild um den Hals, mit der Aufschrift:

„Nein, ich habe mir nicht das Bein gebrochen.
Ja, es war eine Meniskus-Operation.
Ja, es geht mir schon viel besser. Vielen Dank!"

Wenn der Gips ab war, musste man mühsam wieder laufen lernen, und alles tat höllisch weh. Dieser Phase war der gute Hartwig nun gerade glücklich entwachsen, und er hatte die Restschmerzen tapfer unterdrückt, denn schließlich schien die Sonne, und sie wollten an den Fels!

Sagte ich Fels? Nun ja, ich kenne nicht wenige Kletterer, die das, was da hoch über der Weser im Süntel leise vor sich hin vibriert, mit anderen Bezeichnungen versehen würden: Schotterhaufen, Abraumhalde, senkrechter Bahndamm, diese Wörter hört man immer wieder, wenn vom Hohenstein die Rede ist. Aber schließlich hatten unsere beiden Bergsteiger große Ziele, und eins war und ist gewiss: Ein besseres außeralpines Trainingsgebiet für die Lalidererwände oder die Kalkkögel wird man in Deutschland vergeblich suchen. Die Qualität der Felsen ist in der Tat mit „abwechslungsreich" noch wohlwollend beschrieben. Klettert man am Hohenstein, so hat man innerhalb einer Tour nicht selten das Vergnügen, der Illusion zu erliegen, man bewege sich abwechselnd an Blätterteig, Streuselkuchen, Vollkornbrot oder Wellpappe, und auch die Sicherungssituation war zum Zeitpunkt des Geschehens reichlich gruselig: Die meisten Routen waren von den Erstbegehern in den 30er und 50er Jahren des vorigen Jahrhunderts mit Normalhaken ausgerüstet worden, die also bis zu 40 Jahre Zeit gehabt hatten, sich wacker um ihre Oxydation zu kümmern und dabei auch bemerkenswerte Fortschritte erzielt hatten.

Anfang der siebziger Jahre sah man im Übrigen nicht nur in den fernen Alpen, sondern auch an den heimischen Felsen noch wie ein richtiger Bergsteiger aus: Skipullover, Knickerbocker, rote Strümpfe, dicke braune Bergschuhe mit roten Schnürsenkeln, bei denen schon der Name „Kastinger Sella" einen kleinen Vorgeschmack davon gab, was in punkto Geschmeidigkeit beim Klettern von ihnen zu erwarten war. Hans und Hartwig öffneten ihre Rucksäcke und kramten ihre Ausrüstung hervor. Zunächst das Seil, dann mit vierfach genommenen Reepschnurschlingen zu vorzeitlichen Ur-Exen verbundene Karabiner und, tatsächlich, ein Bündel Klemmkeile. Hans gebührt die Ehre, 1969 den ersten Klemmkeil in Norddeutschland gelegt zu haben. Nachdem anfänglich, dem britischen Vorbild folgend, mehr oder weniger erfolgreich mit dicken Sechskantmuttern experimentiert wurde, hatte er sich dann doch ein paar richtige Keile zugelegt und war auch durchaus in der Lage, sie mit dem gewünschten Erfolg einzusetzen. Als Hans seinen selbstgebauten vierlagigen Brustgurt auspackte, schaute Hartwig erstaunt auf:
„Sag mal, ist das nicht das Ding, in das du damals bei diesem irren Zinnen-Sturz gekracht bist?"
„Ja, klar", erwiderte Hans trocken, „wenn der das damals ausgehalten hat, krieg ich den heute auch nicht mehr kaputt."

Hartwig machte wieder sein nachdenkliches Gesicht, schwieg dann aber. Offenbar war sein Logikzentrum nicht in der Lage, gegen diese Aussage irgendwelche Einwände vorzubringen. Wortlos banden sie sich ein.

Sie hatten sich vorgenommen, den „Max-Gedicke-Gedächtnis-Weg" zu klettern. Warum der Weg so hieß, wurde einem gleich zu Beginn klar, wenn man an der ehernen Gedächtnisplakette für den bedauernswerten Max vorbeikam, die darauf schließen ließ, dass der dort verewigte Kamerad irgendwo in den geliebten Bergen sein Leben gelassen haben musste. Die Route war 1950 von einem gewissen W. Axtmann erstbegangen worden, und es ist beileibe nicht übertrieben zu behaupten, dass die Gedächtnisplatte für Herrn Gedicke mit Abstand das solideste Gebilde in der Wand war. Die kariösen Sandsteinüberhänge im oberen Teil der Route waren jedenfalls nur mit einer ziemlich aufwändigen Hakenbastelei und unter Zuhilfenahme von Trittleitern und ähnlichen Tricks zu überwinden gewesen. Noch im Jahr unserer Geschichte gelang dann übrigens Robert Niklas (siehe folgender Einschub) die erste freie Begehung.

Robert Niklas
Er zählte zu den Legenden meiner Kletterjugend. Manchmal sahen wir ihn mit Baskenmütze, Shirt, Jeans und EBs bekleidet im Ith durch den Wald huschen, katzengleich bewegte er sich am Fels. Seine Klettersaison begann immer am 15. März, egal wie das Wetter an diesem Tag war. Als zweites fixes Datum galt der 1. Mai, an dem er immer die Wechselverschneidung, einen der klassischen Ith-Sechser, solo zu durchsteigen hatte. Um sich in Form zu bringen, trainierte er in der Werkhalle seiner Firma. Dort befand sich unter der Decke ein

40 Meter langes Heizungsrohr, das alle 60 Zentimeter mit Winkelblechen befestigt war. An diesen Blechen hangelte er unter der Decke. Sein Trainingsziel war, bis zum 15.3. die Strecke ohne zu ruhen hin und zurück zu hangeln. Also 80 Meter frei hängendes Hangeln an dünnen, scharfkantigen Eisenwinkeln. Er war damals schon über vierzig, aber bestimmt einer der stärksten Kletterer in Norddeutschland.
Wir dachten immer, er sei Pole, was aber nur zum Teil stimmte. 1931 in Frankreich geboren, in Belgien aufgewachsen, dort von den Nazis vertrieben, Flucht nach Beuthen in Oberschlesien, wo die Großmutter lebte, Internat und Ausbildung zum Elektriker. Ein Arbeitskollege war Höhlenforscher und nahm in ins Krakauer Jura mit, wo er bald entdeckte, dass die Felsen oberhalb der Erde schöner waren als unterhalb, und wo er zu klettern begann. Bald war er auch in der Tatra unterwegs und wiederholte dort die schwierigsten Touren. 1968 gelang ihm die Flucht nach Hannover, und schon bald tauchte er im Ith beim Klettern auf. Sein erster Kletterpartner, Reinhold Seidel aus Bielefeld, sagte, als er mit ihm unterwegs war:
„Robert, du kletterst ganz anders als wir!"
„Wieso?"
„Na ja, du kletterst viel schneller – und du hältst dich nicht an den Haken fest ..."
In der Tat war er einer derjenigen, die bereits Ende der sechziger Jahre in den norddeutschen Klettergebieten das Tor zum 7. Grad aufstießen, häufig auch, wie zum Beispiel bei der legendären Südostwand am Pfaffenstein, free solo, in dicken Bergstiefeln oder barfuß.
Doch auch an den hohen Bergen war er weiterhin erfolgreich unterwegs: So stand er 1979 als erster „norddeutscher" Bergsteiger auf einem Achttausender, nämlich dem Lhotse, wobei er sich bis 8.200 Meter mit einem defekten und vereisten Sauerstoffgerät abgequält hatte, das alles Mögliche tat, nur nicht ihn mit Sauerstoff versorgen. Danach hatte er es abgeworfen und war die letzten gut 300 Höhenme-

ter ohne den 16 Kilo schweren nutzlosen Ballast zum Gipfel gestürmt. Die Tat, die ihn für mich aber endgültig zur Legende werden ließ, spielte sich wieder an unseren Ithfelsen ab. Dort war 1973 die erste Rotpunktbegehung der Talseite am Mittagsfels heiß umkämpft. Man sagte dazu zwar noch nicht „Rotpunkt", doch war bereits Ende der Sechziger in Norddeutschland ein edles Ringen um freie Begehungen alter Klassiker entbrannt, also Jahre bevor Kurtl die ersten roten Kleckse an fränkische Felsen malte. Robert hatte sich mit verschiedenen Seilpartnern mehrfach daran versucht, war aber immer an der kleingriffigen Platte nach der überhängenden Verschneidung gescheitert. Schließlich gelang Hans Weninger zusammen mit Tommi Langowski endlich der freie Durchstieg. Auf dem Rückweg vom Mittagsfels trafen sie Robert, der gerade auf dem Weg zu einem erneuten Versuch war. Freudestrahlend und mit einem gewissen Stolz berichteten sie von ihrem Erfolg. Robert nickte nur kurz, lief zum Mittagsfels und holte sich die zweite freie Begehung – free solo!

Vor vier Jahren, also mit 76, bekam Robert Niklas eine neue Hüfte. Seitdem klettert er nicht mehr.

Die reichlich vorhandenen Normalhaken hatten also gut zwanzig Jahre Muße gehabt zu vergammeln und hatten diese Zeit auch eifrig dafür genutzt. Die rostigen Gebilde waren mittlerweile so dünn, dass sie sich mit der Hand mühelos hätten biegen lassen können, wenn das sie umgebende Gestein nur etwas fester gewesen wäre. Hartwig indes focht das alles offenbar nicht an: Er hechtete sich an die brüchigen Sandsteinschuppen, griff beherzt in die Karabiner, rupfte an den Rostlauben herum und wuchtete sich an ihnen nach oben, dass einem Hören und Sehen verging. Hans, der ihn sicherte, standen – so gut es unter dem Helm ging – die Haare zu Berge:
„Hey, sag mal, Hartwig", rief er entsetzt nach oben, während er behände einem fauchend auf ihn zurasenden faustgroßen Sandsteinprojektil auswich, „willst du die Haken nicht erstmal prüfen, bevor du sie belastest?!"
Hartwig hielt inne, dachte kurz nach und gab, ohne nach unten zu schauen, zurück:
„Nee, du, lieber nicht, nachher kommen sie dabei raus …"

Und, was soll man sagen? Sie kamen nicht heraus – und das war auch gut so, denn schon am nächsten Wochenende war eine größere Fahrt geplant: Hans hatte eine Einladung zum „Alpinismus-Treffen" in die Pfalz angenommen. Diese Treffen waren vom großen Toni Hiebeler initiiert worden, und man traf sich reihum in den verschiedensten Klettergebieten zum Gedankenaustausch, zum gemeinsamen Klettern und auch, um voneinander zu lernen. Am Freitagnachmittag sollte es losgehen, sie würden zu fünft sein: Hartwig und Hans, Hans' Freundin Liesel, Volker und Frauke. Also konnte man mit einem Auto fahren, man musste nur noch klären mit welchem. Hans hatte einen Käfer, Hartwig nannte einen schmucken Fiat 128 sein eigen. Beide Freunde waren leidenschaftliche Autofahrer und noch leidenschaftlichere Nicht-Beifahrer, also kam es zu einem Showdown, bei dem letztlich Hartwig obsiegte. Und das kam so:

Während der Rückfahrt in Hans' Käfer vom Hohenstein nach Hannover war ihnen aufgefallen, dass das Auto beim Bremsen abartig rubbelte und unschöne Geräusche von sich gab. Sie hielten an.
„Was ist das denn?", fragte Hans besorgt.
Hartwig dachte nur kurz nach und sagte dann bestimmt:
„Deine Bremstrommeln sind unrund, wir müssen sie ausdrehen lassen. Ich kenn da 'ne Werkstatt in Ricklingen, die machen das für sechs Mark das Stück."
In Hannover angekommen, stellten sie den Käfer in Hartwigs Nachbarschaft auf einem unbebauten Grundstück ab. Um an die Bremstrommeln zu kommen und sie auszubauen, mussten natürlich zunächst die Räder abmontiert werden. Also kam der Wagenheber zum Einsatz, und statt des Rades wurde je ein Stapel Ziegelsteine unter die Achse platziert, so dass das brave Gefährt schließlich, etwas verloren wirkend, auf vier roten Stelzen stand. Alsdann ging's nach Ricklingen in die Schmiede, die Trommeln wurden in die Drehbank gespannt und wieder rund gemacht. Während das geschah, entschied das Schicksal über die Frage, mit welchem Auto sie in die Pfalz fahren würden: Es begann in Strömen zu gießen, wahre Sturzbäche ergossen sich über das Hannoveraner Land. Das hatte zur Folge, dass der unbefestigte Platz, auf dem der Käfer aufgeziegelt stand, durchweicht wurde wie eine Weißbrotscheibe in einem Teller Milch, die Stapel gaben nach, und als Hans und Hartwig mit den blitzblank ausgedrehten Bremstrommeln zurückkamen, lag

der Käfer auf dem Bauch im Matsch. Fassungslos standen sie vor dem hilflosen Blechhaufen.

„Na toll!", Hans fand als erster die Sprache wieder. „Und wo sollen wir da jetzt den Wagenheber ansetzen?"

Hartwig sagte nichts und dachte nach.

Um es kurz zu machen: Es gelang ihnen zwar, ihn wieder aufzubocken, was in Anbetracht der Untergrundverhältnisse und der Tatsache, dass sie außer dem Wagenheber nur die 16 Ziegelsteine als Hilfsmittel hatten, nicht ganz leicht war. Aber das Prädikat „zuverlässig" hatte der Käfer damit Hartwigs Meinung nach eingebüßt, und die Entscheidung war gefallen:

„Wir fahren mit dem Fiat. Der ist tippitoppi in Ordnung, alle wesentlichen Teile neu, man könnte fast sagen: scheckheftgepflegt!" Hartwig klang überzeugend, und Hans willigte knurrend ein.

Nur wer jemals in den klassischen Siebziger-Jahre-Autos gesessen hat, kann ermessen, was es bedeutete, darin mit fünf Personen, plus fünf mal Kletterausrüstung plus Klamotten plus Nahrungsmitteln für ein Wochenende zu verreisen. Man muss sich den Innenraum eines Fiat 128 in etwa so groß vorstellen wie den eines Nissan Micra. Als Hans mir die Geschichte erzählte, sagte er, dass sie die für unsere Verhältnisse unerträgliche Enge in diesem Kleinwagen damals als völlig normal empfanden und sogar in der Lage waren, ihr so etwas wie Gemütlichkeit abzugewinnen. Sie hatten die westliche Strecke in die Pfalz gewählt, reisten also über das Ruhrgebiet, Köln, Koblenz und Ludwigshafen an. Sie hatten gerade die Ausfahrt Beckum hinter sich gelassen, das Ruhrgebiet also noch nicht wirklich erreicht, als es plötzlich unter dem Auto einen gewaltigen Schlag gab und sich die Lautstärke des Fahrgeräusches in einer Art und Weise

veränderte, die nichts Gutes verhieß: Der Fiat röhrte wie ein Leopardpanzer. Frauke, die vorne sitzen durfte, weil sie die längsten Beine hatte, schrie entsetzt auf:
„Scheiße, was ist das?!"
Ohne den Fuß vom Gas zu nehmen schaute Hartwig in den Rückspiegel und sagte lakonisch:
„Oh, ich sehe da meinen Auspuff."
Die Beifahrer rissen die Köpfe herum und tatsächlich: Der Auspuff war am Krümmer abgerissen und kollerte funkensprühend auf dem Seitenstreifen aus. Ich weiß nicht genau, ob es eine Frage des erreichten Lebensalters oder vielleicht doch der Epoche ist, in der man lebt, ob man das soeben geschilderte Ereignis, nämlich den Komplettabriss eines Auspuffs während einer Urlaubsreise, als etwas Bedrohliches oder zumindest den normalen Ablauf einer Reise dahingehend veränderndes Ereignis empfindet, das einen unter Umständen dazu veranlasste, über den Abbruch der Reise nachzudenken. Genau das war nämlich damals bei unseren jungen Abenteurern nicht der Fall. Hartwig fuhr mit dem brüllenden Gefährt ungerührt weiter. Sie konnten sich zwar wegen des Lärms nicht mehr normal unterhalten, aber was machte das schon?

Irgendwo zwischen Ludwigshafen und Landau wurde es schließlich dunkel, und Hartwig schaltete die Scheinwerfer ein. Als sie dann auf der Bundesstraße 10 durch den mittlerweile stockfinsteren Pfälzer Wald kurvten, merkten sie, dass irgendetwas nicht in Ordnung war. Die Dunkelheit um sie herum wurde immer schwärzer und bedrohlicher, merkwürdigerweise auch vor dem Auto auf der Straße, wo ja eigentlich die Scheinwerfer ihren Job zu machen und für Helligkeit zu sorgen hatten. Doch genau das taten sie nicht mehr. Hartwig fuhr rechts ran und schwieg.

„Na toll!", sagte Hans, Sachkenntnis beweisend, „jetzt ist die Lichtmaschine im Arsch und die Batterie alle."

„Hmm", brummte Hartwig, „das war jetzt nicht besonders schwer zu erraten …"

Hartwig kramte unter dem Fahrersitz und zog eine Daimon-Stabtaschenlampe hervor, die er dem verdutzt dreinschauenden Volker in die Hand drückte.

„Setz dich auf die Motorhaube", sagte er knapp.

„Was?" Volker schien nicht verstanden zu haben.

„Du sollst dich auf die Motorhaube setzen und die Straße ausleuchten. Sonst seh ich beim Fahren nichts, und das wäre schlecht."

Volker tat wie ihm geheißen. Er setzte sich auf der Beifahrerseite auf die Motorhaube, leuchtete mit der Taschenlampe vor sich auf die Straße, und Hartwig fuhr weiter. Sie kamen nur langsam voran, da Hartwig mit Rücksicht auf den ungeschützt auf der Abschussrampe hockenden, hin- und herrutschenden Beleuchter nicht wagte, schneller als 50 km/h zu fahren. Erst viele Jahre später sollte Hartwig übrigens bewusst werden, an diesem Abend einen wichtigen Beitrag zur Entwicklung des adaptiven Kurvenlichts geleistet zu haben. Schließlich erreichten sie ihr Tagesziel, spät, aber doch. Die dort bereits ungeduldig auf sie wartenden Teilnehmer des Alpinismus-Treffens hatten, als sich unsere Freunde dem Treffpunkt näherten, mit einer Mischung aus Verwunderung und Besorgnis zur Kenntnis genommen, ein Glühwürmchen zu sehen und einen Kampfpanzer zu hören. Das Phänomen war jedoch rasch erklärt, und so konnte der gemütliche Teil des Abends beginnen, der damals auch nicht viel anders aussah, als wenn sich heute irgendwo auf der Welt Bergsteiger treffen: Man soff, bis dann endlich auch die eigene Lichtmaschine den Geist aufgab.

Am darauf folgenden Morgen trennten sich die Wege unserer Pfalz-Reisenden: Hartwig donnerte mit dem Fiat los, um eine Werkstatt zu suchen, die ihm die Lichtmaschine würde reparieren können. Hans und die anderen begaben sich mit den übrigen Teilnehmern zum Pferchfeldfelsen, wo sie von den Pfälzer Locals erst einmal eine Lektion im Knotenschlingenlegen verpasst bekamen. Erstaunt nahmen sie zur Kenntnis, wie dünn offenbar Schlingen und wie zart Sanduhrchen sein konnten, ohne ihren Geist aufzugeben, wenn ein ausgewachsener Alpinist sie belastete. Natürlich ließen es sich die coolen Pfalzspezialisten auch nicht nehmen, den angereisten, teilweise durchaus namhaften Kletterern zu zeigen, wie gehoben die Rissklettersstandards im heimischen Sandstein damals schon waren. Man schnipste eben mal den „Kleinen Südriss" empor und rief dann wohlgelaunt vom Gipfel herab, wenn jemand Lust hätte nachzusteigen, solle er sich ruhig einbinden. Verlegen schauten alle auf den Boden, nur klein Hänschen aus Hannover zögerte keine Sekunde, band sich das Seil in die Schlaufen seines leidgeprüften Brustgurtes und entschwand kaum weniger flott in den Pfälzer Herbsthimmel, als sein Vorsteiger es vorgemacht hatte.

Irgendwann am Nachmittag war dann nicht zu überhören, dass Hartwig zurück von seiner Werkstatttour war. Das Bärenbrunner Tal wurde von einem ohrenbetäubenden Donnern erfüllt, als er es hinaufbretterte. Er hatte diverse Dörfer und Werkstätten abgeklappert und war schließlich beim Bundenthaler Dorfschmied fündig geworden, der die Lichtmaschine irgendwie reanimiert hatte. Das Gefährt war zwar immer noch laut wie ein startender Düsenjet, aber zumindest wieder nachtfahrtauglich. Den Auspuff, so befand man, konnte man ja dann später daheim in Hannover ersetzen. Inzwischen waren die Aktivi-

täten am Fels beendet worden, und man strömte zurück zu den Fahrzeugen. Auf dem Weg zum Fiat wurde Hartwig von einem kleinen muskulösen Bergsteiger aus der Heimat Franz Beckenbauers angesprochen: Seine Mitfahrgelegenheit sei schon weg, ob sie ihn mit zurück zum Quartier nehmen könnten. Da sie ja erst zu fünft waren, sagte Hartwig ohne zu Überlegen:
„Klar, steig ein!"
Unser bajuwarischer Kraftprotz ging zur hinteren Tür auf der Beifahrerseite, packte mit seiner Pranke den Türgriff und riss ihn ab. Er hob entschuldigend die Schultern, so, als wenn der von ihm eingesetzte Kraftaufwand normalerweise nicht dazu führte, dass Türgriffe abrissen, sondern lediglich dazu, dass sich Autotüren öffneten. Hartwig sagte nur trocken:
„Dann müsst ihr jetzt eben auf meiner Seite rein."
So taten sie's und bewiesen, dass der gute alte Fiat 128 natürlich locker auch eine Zulassung als Sechssitzer hätte bekommen können. Auch der zweite Abend entsprach durchaus den noch heute gebräuchlichen Vorstellungen von einem fidelen Besäufnis.

Entsprechend müde ging es dann am Sonntag auf die Rückreise. Hartwig fuhr, Frauke saß auf dem Beifahrersitz und sorgte dafür, dass ihr Chauffeur wach blieb, indem sie ihm in regelmäßigen Abständen Kaffee, Schokolade und Leberwurstbrote verabreichte. Hinten dösten Volker, Hans und Liesel um die Wette. Kurz hinter Koblenz waren die drei dann selig eingeschlafen.
„Feuer!!!" Fraukes Stimme überschlug sich hysterisch. „Feuer, scheiße, wir brennen!!!"

Schlagartig waren die Insassen auf dem Rücksitz wieder wach und rissen die Augen auf. Das Auto stand auf dem Randstreifen der Autobahn, und der Innenraum des Fiat war in weißen Qualm gehüllt. Sie starrten Hartwig an.

„Was ist das?! Tu doch was!"

Hartwig saß stumm auf dem Fahrersitz, hielt das Lenkrad fest und sagte nichts. Er dachte nach. Nach endlos langen zwei Minuten öffnete er wortlos die Fahrertür, stieg aus, machte eine Flanke über die Leitplanke und begab sich zu einem Gebüsch, das am Rande der Autobahn den Abgasen trotzte. Fassungslos schauten die anderen ihm nach. Er zückte sein Taschenmesser aus der Hosentasche, machte sich an dem Busch zu schaffen und kletterte zurück über die Leitplanke. Er öffnete die Motorhaube, so dass er ihren Blicken entschwand und werkelte dort herum, was ihnen jedoch verborgen blieb. Nach einer Weile schlug er die Klappe wieder zu, kam zurück ins Auto, nickte und ließ den Motor an.

„So", sagte er nüchtern, „der Rest der Fahrt wird kalt, aber wir kommen wenigstens bis nach Hause."

Um zu verstehen, was da nun genau geschehen war, müssen wir uns wohl oder übel kurz in Hartwigs Schädel begeben und zwar genau zu dem Zeitpunkt, als er stumm vor dem Lenkrad saß. Hier seine wie ins kalte Erz nüchternster Logik geschlagenen Gedankengänge:

‚Das weiße Zeug stinkt nicht nach Feuer, also ist es kein Qualm, sondern Wasserdampf. Woher kann Wasserdampf kommen? Aus dem Kühler oder aus dem Heizungsschlauch. Wenn der Kühler im Eimer ist, ist hier jetzt Feierabend. Das will ich nicht. Also ist ein Heizungsschlauch geplatzt. Wie sieht der aus? Er ist ungefähr fingerdick, der Innendurchmesser beträgt vielleicht einen Zentimeter. Also brauche ich einen entsprechenden Stopfen. Ich werde jetzt zu dem Busch da gehen, ein Stück Ast abschneiden, es passend schnitzen, den kaputten Heizungsschlauch sauber abschneiden und das Holzdings in das Loch stopfen. Dann haben wir zwar keine Heizung mehr im Auto, aber wenigstens funktioniert der Kühler weiter.'

Der Stopfen hielt bis Hannover.

Ich hingegen möchte hier zweierlei festhalten: Erstens: Meine italienische Autos betreffenden Vorurteile können so falsch nicht sein. Zweitens: Unsere schöne neue scheckheftgepflegte Welt – ist sie nicht furchtbar langweilig?

Aus dem Mais, der für die Herstellung dieses stinkenden Haufens erforderlich war, hätte man genug Biogas erzeugen können, um ein Einfamilienhaus vier Wochen lang mit Strom zu versorgen.

Geigen und Viehfutter

Eigentlich sollte es ein ganz ruhiges Wochenende werden, aber Freund Merlin hatte uns vor Monaten die DVD „In eisige Höhen – Sterben am Mount Everest" mit der üblichen „Müsst-ihr-unbedingt-gucken!"-Bemerkung geliehen und erinnerte uns anlässlich eines Abendessens an deren Rückgabe. Nun war es keineswegs so, dass ich bislang keine Muße gehabt hätte, mir den Streifen anzuschauen, nein, pures Desinteresse war der Grund gewesen, sowohl am Krakauer-Buch, das ich vermutlich als einziger Bergsteiger der Welt nicht gelesen habe, als auch an der US-amerikanischen Verfilmung. Mit 8000er-Epen kann ich nämlich in etwa so viel anfangen wie mit Karneval, Weihnachtsmärkten oder Blumenkohl. Die Liebste war nun indes der Meinung, es grenze an Arroganz, dem Freund das Filmchen ungesehen zurückzugeben und drängte auf einen Videoabend daheim, lockte mit filmbegleitenden Fußmassagen, Nüsschen und Rotwein, und so landete ich schließlich am Freitag Abend auf der einzigen Couch meiner Wohnung, was man sich nicht allzu bequem vorstellen darf, da es sich um die Couch des Jungmädchenzimmers der zweiten Frau meines Großvaters handelte, deren Eltern 1907 offensichtlich um die Tugend ihrer Tochter sehr besorgt gewesen sein mussten.

Das Betrachten des Filmes geriet nun aber nicht nur aufgrund unbequemer Sitzhaltung zu einem tapferen Selbstversuch. Hätte man meine Äußerungen, wie bei Versuchen mit lebenden Patienten ansonsten ja wohl üblich, aufgezeichnet, wären Sätze zu hören gewesen wie: „Wenn die Geigen jetzt die nächsten anderthalb Stunden so weiterfiedeln, drehe ich durch!" – „Hast Du gesehen, wie der blöde Taiwanese gerade ausgerutscht ist? Wie bei Dick und Doof!" – „Die Geigen spielen ja immer noch." – „Er sollte sich lieber wieder seine Handschuhe anziehen." – „Geigen, Geigen, Geigen!" Zweimal war ich sogar kurz davor, die Fassung zu verlieren: Das erste Mal, als man das Walkie-Talkie eines sterbenden Everest-Touristen direkt zu seiner schwangeren Frau in die USA durchstellte und der im Schneesturm Erfrierende sich ächzend mit seiner weinenden Frau auf den Namen des Kindes verständigte, den ich komischerweise vergessen habe. Und das zweite Mal, als einer der Bergführer, der aus Profitgier und Geltungssucht völlig ungeeignete Aspiranten zum höchsten Punkt der Welt verbringen wollte und sich der Tatsache bewusst wurde, dass er die Hälfte davon umgebracht hatte, in die Kamera schrie: „Tot, tot, oh mein Gott, womit haben wir das verdient!?" Da half, ich gestehe es, auch keine Fußmassage mehr. Ganz zum Schluss dann doch noch ein (von den Machern dieses grausigen Streifens sicherlich unbeabsichtigtes) Highlight: Während die fiedelnden Nervensägen zum Schluss-Crescendo ansetzten, wurde vor dem Hintergrund des schneeumtosten Everest eine Schrifttafel eingeblendet, der zu entnehmen war, dass dem Expeditionsteilnehmer Dr. Sowieso anschließend zwei Finger, eine Hand und die Nase amputiert werden mussten, er aber trotzdem weiterhin seiner Arbeit als Pathologe nachginge. „Nun ja", sagte ich zur Liebsten, während ich den vergeigten Bilderschmutz mit einem letzten Schluck Wein hinunterspülte, „wenigstens seine Patienten können sich nicht vor ihm gruseln."

Ich weiß nicht, ob es als Wiedergutmachung gedacht war, dass meine holde Gattin mich schon am nächsten Tag mit zwei

Karten für „Nordwand" überraschte. Nun hatte ich halbwegs wohlwollende Kommentare und Rezensionen gelesen und, was fast wichtiger war, mir von Kletterfreunden bestätigen lassen, es sei dort kein absurder Vertical-Limit-Quatsch zu sehen, sondern redliches, was die Bildersprache angehe bisweilen zwar doch etwas trenkerisch-riefenstahleskes, aber insgesamt doch einigermaßen nachvollziehbares Dreißiger-Jahre-Nordwand-Gerackere. Selbst das ja ansonsten in keinem Bergfilm minderer Qualität fehlende Klischee, dass ein gestürzter Kletterer von seinem Kameraden am Seil oder an der ausgestreckten Heldenhand hochgezogen würde, fehle hier zur Gänze. Lediglich eine Love-Story habe man eingebaut, diese aber recht geschickt mit dem Nazi-Propaganda-Gedöns verwoben, Gesamteindruck erträglich bis gut.

Ok, wir also am Sonntag ab ins Kino. Natürlich kauften wir kein Popcorn, waren aber im großen weiten Kinosaal offenbar die einzigen, deren Wissensstand folgende simple Erkenntnisse umfasste: Popcorn ist eklig! Mais ist Viehfutter und taugt maximal zur Biogas-Erzeugung! Für den menschlichen Verzehr ist es völlig ungeeignet! Und zudem empfinde ich es als eine zivilisatorische Ungehörigkeit, dass Menschen, sobald sie in einem Kino sitzen, immer alles Mögliche essen müssen! Sie schleppen mülleimergroße Pappbecher mit übelst stinkendem Popcorn oder palettenweise Tortillachips mit Ketchuptunke zu ihrem Platz, lassen sich dort grunzend in den Klappsessel fallen und stopfen während der gesamten Laufzeit des Films das Zeug mit offenem Mund kauend in sich hinein, dass man sich vorkommt wie in einem Schweinestall zur besten Fütterungszeit. Begleitet wird das krachend-schmatzende Gegrunze vom Geklicker der M&M-Boxen, dem Geraschel von Haribo-Tüten und dem Gekuller umgekippter Bierflaschen. Doch an diesem Sonntag waren sogar Steigerungen möglich: Nicht nur Grunzen, Klickern, Rascheln, Kullern, nein, in der Reihe hinter uns nahm auch noch eine Kompanie angetrunkener junggesellinnenabschiedsfeiernder Damen Platz, die, aus welchem Grund auch immer, eine zusammengeklappte Wäschespinne in den Kinosaal mitgeschleppt hatten und jeden, aber wirklich jeden Satz mit pubertärem Gekicher oder echohaftem Nachplappern begleiteten.

So mussten wir uns schon gewaltig konzentrieren, um unseren Helden Hinterstoißer, Kurz und Co. in ihrem Grazer Kühlhaus beim Sterben folgen zu können. Das aber war wesentlich ansehnlicher als das freitägliche ödemische Deppen-Gesieche am Everest, ja gut, auch hier spielten Geigen, das geht wohl nicht anders, und alle rauchten. Immer. In der Redaktion der Berliner Zeitung, im Todesbiwak, im Nobelhotel auf der Kleinen Scheidegg, beim Sichern, egal, immerfort rauchen, immerfort Geigen, immerfort rauchen! Die Lovestory war ziemlich ok, aber natürlich erfunden, genau so wie der grobe geschichtsbeugende Schnitzer, den sich die Drehbuchautoren beim Abgang des Helden Andreas Hinterstoißer leisteten, der sich wie bei einer Beta-Version von „Sturz ins Leere" mit dem Fahrtenmesser abschnitt, um den vom Seil strangulierten Freund zu retten. Musste das sein? Zum Schluss dann wieder Wagner-Hörner und schmachtendes Gegeige und ein in Zeitlupe sterbender Held Toni Kurz, der ein wenig zu ötzimäßig aussah, wie ich fand, aber vermutlich fürchteten die Filmemacher, dass sich die plüschsesselbefurzende, popcornmampfende Otto-Normalwurst ansonsten unter einem Erfrierungstod nichts vorstellen könne. Schließlich fast ein Happy-End: Die Kurz-Witwe, die, in Tweedkleidchen und

Kaschmir-Schal gehüllt, vom Stollenloch aus ihrem Freund beim Sterben zugeschaut und das zum Erstaunen aller überlebt hatte, kehrt Nazideutschland samt ihrer kleinen Leica-Kamera den Rücken und fotografiert in der Schlussszene, rauchend, einen schlecht frisierten afroamerikanischen Jazz-Saxofonisten, bevor sie uns, rauchend, etwas von Liebe und Leben und so erzählt. Und das kann man ja dann an einem Sonntagabend einfach auch mal mitnehmen, ohne immer an allem herumzumäkeln. Und deshalb höre ich auch jetzt damit auf.

Alpinistische Literatur bei Panico

Westwand
ISBN 978-3-936740-54-7
VK-Preis 10.00 €

„Just for the fucking Matterhorn?!" Von so einem Leben hat Münchner Alpinlegende Alex immer geträumt: illegaler Bergführer in Peru, Erfolg bei den Frauen und ein Sport-Bild-Abo mit Nachsendeantrag. Plötzlich will er für eine einzige Tour zurück, und die ist nicht mal wirklich schwer. Was dann passiert, stellt ihn vor die Entscheidung, wie sein Leben eigentlich weitergehen soll.
In den Nebenrollen: Kiffer-Luigi, eine gesperrte Kreditkarte, die beste Neutour Europas und die schwierige Frage, wie man am Ende des Universums den Müll trennen soll, wenn der Raum doch gekrümmt ist.

„Hat das Zeug zum Kultbuch". Deutsche Welle

Selig, wer in Träumen stirbt
ISBN 978-3-926807-91-5
VK-Preis 10.00 €

Robert Steiners hochgelobtes Debüt gehört zum Feinsten, was die gegenwärtige alpinistische Literatur zu bieten hat. „Da kann einer nicht nur klettern, er kann auch schildern, wie das geht: kreativ, gnadenlos, mutig. In Zehntelsekundenauflösung beschreibt Steiner seinen Kampfsport am Abgrund: detailgenau, packend, beängstigend... findet neue, noch nicht zerkitschte Worte für die Natur und die Emotionen... ...seit Reinhard Karl, Emil Zopfi und Malte Roepers besten Erzählungen hat man kaum ähnlich Gutes gelesen."

aus der Leselupe, BERGE

Wie man Kletterer wird
ISBN 978-3-936740-78-3
VK-Preis 10.00 €

Christoph Willumeit, in Hamburg geboren und inzwischen Berliner, ist ein alpin ziemlich Spätberufener.
Eindrücklich schildert er in seiner ersten Geschichtensammlung, wie man vom Barhocker an den Berg gelangt, sich dort heillos verirrt und warum man nach mühseligem Abstieg gleich wieder ganz dringend aufsteigen muss.
Dabei interessiert das branchenübliche Dreigestirn aus Höchstleistung, Heldentat und Hypothermie nur am Rande. Vielmehr geht es um Zufall, um Angst, um wilde Streitereien in der Wand, um alpine Seligkeit... Und natürlich um die unbedingte Vermeidung von Konditionstraining.

Kurz gesagt: Es geht um alles!

... „Wie auch immer", würde Peter Brunnert aus 32825 Blomberg wohl meinen. Eine Formulierung, die er gerne benutzt, bevor seine kurzen Erzählungen zielgerichtet ihrem desaströsen Ende entgegenstreben. Kletterpleiten, Kletterpech, Kletterpannen. Weil es nun mal nichts Behaglicheres gibt, als sich an anderer Leute Missgeschick zu ergötzen, bereitet diese Lektüre geballter Widrigkeiten uneingeschränkte (Schaden-)-Freude. Nur sich selber nicht so ernst nehmen – Peter Brunnert macht es vor. (mit Illustrationen von Erbse Köpf)

Klettern Spezial

Wir müssen da hoch
ISBN 978-3-926807-98-4
VK-Preis 10.00 €

Es ist eher selten, dass einem in der alpinen Belletristik etwas Neues unter die Augen kommt. Alpinhistorie, dramatische Expeditionsgeschichten und lässige Moverstories: Irgendwann ist alles gelesen. Denkste! Robert Rauch hat es mit seinem Erstlingswerk geschafft: So kompromisslos, so gnadenlos subjektiv und so ehrlich hat noch keiner vor ihm geschrieben. „Abgerechnet wird zum Schluss", muss sich Rauch gesagt haben, und wie er hier mit seiner Heimat, seinen Kletterkumpanen und der verdorbenen Menschheit an sich abrechnet, ist schon große Klasse.

Ralph Stöhr, Magazin Klettern

Verwegen, dynamisch, erfolglos
ISBN 978-3-926807-48-9
VK-Preis 10.00 €

Die meisten hätten nach einem Erlebnis wie jenem, das er in „Selig wer in Träumen stirbt" schildert, die Bergsteigerei traumatisiert an den Nagel gehängt. Robert Steiner nicht – ganz im Gegenteil: Was er mit seinen russischen Freunden in den eiskalten Riesenwänden des Kaukasus erlebt, verschlägt einem den Atem. Extremklettern weit ab von normgeprüften Bohrhaken und Kletterführerschein. Dabei sein, als dann achter Mann im Doppelzelt, will man besser nicht. Als Lektüre an kalten Winterabenden, wohl geborgen zu Hause am wohlig warmen Kamin oder in der heißen Badewanne, gibt es aber nichts besseres.

Das dritte Buch von Robert Steiner bei Panico!

Allein unter Russen
ISBN 978-3-936740-74-5
VK-Preis 12.80 €